TUDO
O QUE
VOCÊ PRECISA SABER SOBRE
ENERGIA

CB070760

O autor

José Goldemberg é doutor em Ciências Físicas pela Universidade de São Paulo, da qual foi reitor de 1986 a 1990. Foi presidente da Companhia Energética de São Paulo (CESP); presidente da Sociedade Brasileira para o Progresso da Ciência; secretário de Ciência e Tecnologia; secretário do Meio Ambiente da Presidência da República; ministro da Educação do Governo Federal e secretário do Meio Ambiente do Estado de São Paulo. Foi diretor do Instituto de Física da Universidade de São Paulo; professor/pesquisador: da Universidade de Paris (França); Princeton (Estados Unidos); High Energy Physics Laboratory da Universidade de Stanford, (Estados Unidos); Universidade de Toronto (Canadá) e ocupante da "Cátedra Joaquim Nabuco" da Universidade de Stanford (Estados Unidos). É membro da Academia Brasileira de Ciências e da Academia de Ciências do Terceiro Mundo. É autor de inúmeros trabalhos técnicos e vários livros sobre física nuclear, meio ambiente e energia em geral. Foi selecionado pela *Time Magazine* como um dos 13 heróis do meio ambiente na categoria Líderes e Visionários de 2007. Recebeu o prêmio Planeta Azul, em 2008, concedido pela Asahi Glass Foundation.

G618t   Goldemberg, José.
        Tudo o que você precisa saber sobre energia / José Goldemberg ; tradução: Francisco Araújo da Costa. – Porto Alegre : Bookman, 2023.
        xviii, 177 p. ; 21 cm.

        ISBN 978-85-8260-624-7

        1. Energia – Consumo. I. Título.

                                            CDU 621.317.38

Catalogação na publicação: Karin Lorien Menoncin – CRB 10/2147

TUDO
O QUE
VOCÊ PRECISA
SABER SOBRE
ENERGIA

JOSÉ GOLDEMBERG

Tradução:
Francisco Araújo da Costa

bookman

Porto Alegre
2023

Obra originalmente publicada sob o título
Energy: What Everyone Needs to Know, 1st Edition
ISBN 9780199812929

Copyright (c) 2012.
This translation is published by arrangement with Oxford University Press. Grupo A Educação S.A. is solely responsible for this translation from the original work and Oxford University Press shall have no liability for any errors, omissions or inaccuracies or ambiguities in such translation or for any losses caused by reliance thereon.

Gerente editorial: *Letícia Bispo de Lima*

Colaboraram nesta edição:

Editora: *Arysinha Jacques Affonso*

Capa: *Paola Manica/Brand&Book*

Editoração: *Matriz Visual*

Reservados todos os direitos de publicação ao
GRUPO A EDUCAÇÃO S.A.
(Bookman é um selo editorial do GRUPO A EDUCAÇÃO S.A.)
Rua Ernesto Alves, 150 – Bairro Floresta
90220-190 – Porto Alegre – RS
Fone: (51) 3027-7000

SAC 0800 703 3444 – www.grupoa.com.br

É proibida a duplicação ou reprodução deste volume, no todo ou em parte, sob quaisquer formas ou por quaisquer meios (eletrônico, mecânico, gravação, fotocópia, distribuição na *web* e outros), sem permissão expressa da Editora.

IMPRESSO NO BRASIL
PRINTED IN BRAZIL

Apresentação à edição brasileira

O que todos precisam saber sobre energia é a tradução de um livro que a Oxford University Press publicou em 2012 sob o título *Energy: what everybody needs to know* e que foi traduzida para o chinês em 2022.

O livro expõe os fundamentos do tema energia para o público em geral interessado no assunto, respondendo às perguntas que todos fazem: o que é energia, quais são as principais fontes (petróleo, carvão, energia nuclear, energias renováveis, etc.) e como é usada no mundo. Responde também perguntas sobre os impactos negativos do uso da energia e como resolvê-los com novas tecnologias e/ou políticas públicas.

Os números sobre produção e consumo de energia são os de alguns anos atrás porque variam muito com o tempo e podem facilmente ser atualizados consultando a Internet. O objetivo do livro não é apresentar estatísticas detalhadas, mas as ideias gerais sobre o que o público geral precisa saber sobre energia.

Nesta edição brasileira foi acrescentado um posfácio sobre energia no Brasil, com dados atuais do Ministério de Minas e Energia.

Professor José Goldemberg
Universidade de São Paulo

Prefácio

A energia é um ingrediente essencial da vida. Sem energia não há movimento, não há máquinas, não há telecomunicação — não há vida humana. No início da civilização, as necessidades energéticas eram bastante modestas; os seres humanos precisavam apenas da energia necessária para sobreviver, e ela era obtida dos alimentos que coletavam e consumiam. Nessa época, a quantidade de energia que um ser humano precisava por dia era equivalente a uma xícara de petróleo. Hoje, cada um de nós precisa de, no mínimo, cem vezes mais energia por dia, o que significa bilhões de barris de petróleo e carvão por ano, em nível mundial, para nossos automóveis e caminhões, além de carvão, hidroeletricidade e reatores nucleares para gerar eletricidade. Sem energia, nossa civilização ficaria paralisada. O problema é que, no século XXI, quase toda energia que utilizamos tem origem em combustíveis fósseis (carvão, petróleo e gás). Essa dependência cria problemas graves, que ameaçam nosso modo de vida: ela esgota as reservas de combustíveis fósseis e resulta em problemas ambientais, especialmente o aquecimento da Terra. Para enfrentar e tentar resolver esses problemas, é preciso saber mais sobre energia. Para trabalhar nesse sentido, responderemos a uma série de perguntas organizadas em cinco seções:

Como a energia é usada hoje? Quais as necessidades humanas de energia e qual a sua relação com o crescimento econômico e com outros indicadores de bem-estar?

O sistema energético mundial atual: Quais as atuais fontes primárias de energia e como são usadas?
Os problemas do sistema energético atual: Quais são os problemas enfrentados pelo sistema energético atual?
Soluções técnicas e políticas: Quais são as soluções técnicas para os problemas energéticos da atualidade e quais políticas poderiam concretizá-las?
Soluções não técnicas: Existem soluções não técnicas para os problemas energéticos da atualidade?

Antes disso, em um capítulo intitulado "Conceitos básicos de energia", resumiremos algumas ideias que serão úteis para entender assuntos tratados posteriormente neste livro.

Lista de tabelas

Tabela 1.1	Unidades de trabalho, energia e potência	6
Tabela 2.1	Necessidades energéticas para diferentes atividades	12
Tabela 2.2	População e estágios de desenvolvimento	17
Tabela 3.1	As principais fontes de energia	31
Tabela 3.2	As fontes primárias de energia mundiais (2008)	31
Tabela 3.3	Usos finais de energia no mundo (2008)	32
Tabela 4.1	Reservas e consumo de combustíveis fósseis	45
Tabela 4.2	Reservas de combustíveis fósseis em diferentes regiões do mundo (em porcentagens)	45
Tabela 5.1	Produção de energia renovável, potencial técnico e potencial teórico	55
Tabela 5.2	Densidade de energia típica de fontes de energia	57
Tabela 6.1	Comparação entre energia gerada de diferentes fontes	61
Tabela 8.1	A origem das emissões de CO_2	87
Tabela 8.2	Maiores desastres de derramamento de petróleo	93
Tabela 9.1	O custo da produção de eletricidade	98

Tabela 13.1	Participação no consumo de energia final da OCDE (%)	150
Tabela 13.2	Participação no consumo de energia final de países de fora da OCDE (%)	151
Tabela 13.3	Participação no consumo final de energia no mundo (%)	152
Tabela 13.4	Consumo de energia em diferentes modos de transporte	153
Tabela P.I	Oferta interna de energia (Mtep) no Brasil 2021	155
Tabela P.II	Capacidade instalada (MW)	157
Tabela P.III	Oferta de eletricidade (GWh)	158
Tabela P.IV	Energia consumida pelos diversos setores	160
Tabela P.V	Emissões de CO_2 eq* no Brasil 2021	160
Tabela A.1	Prefixos decimais	161
Tabela A.2	Fatores de conversão de unidades de energia comuns	162

Lista de figuras

Figura 1.1	Máquina de *perpetuum mobile* de Fludd	8
Figure 2.1	Estágios do desenvolvimento e consumo de energia *per capita*	12
Figura 2.2	As fontes de energia usadas desde 1850	14
Figura 2.3	Os fluxos de energia da Terra	15
Figura 2.4	Relação entre produto interno bruto (PIB) *per capita* e uso de energia *per capita* (2008)	20
Figura 2.5	Evolução histórica de longo prazo da intensidade energética dos países industrializados	21
Figura 2.6	Relação entre o índice de desenvolvimento humano e o uso de energia *per capita* (2008)	24
Figura 3.1	O suprimento energético primário mundial (2008)	30
Figura 3.2	Evolução do rendimento do motor a vapor	34
Figura 3.3	Diagrama de Sankey da conversão do calor em trabalho	36
Figura 3.4	Diagrama de Sankey do sistema energético americano	37
Figura 4.1	A evolução do preço do petróleo	42
Figura 7.1	O futuro da produção de petróleo	72
Figura 8.1	O efeito estufa	85

Figura P.1	Oferta interna de energia (Mtep) (%) no Brasil 2021	156
Figura P.2	Capacidade instalada (MW) (%) no Brasil 2021	157
Figura P.3	Oferta de eletricidade (GW) (%) no Brasil 2021	158
Figura P.4	Capacidade instalada por fonte (MW)	159
Figura P.5	Geração elétrica por fonte (GWh)	159

Sumário

1 Conceitos básicos de energia — 1

- O que são forças? — 1
- O que é trabalho? — 1
- O que é energia? — 2
- Quais são as forças comuns da natureza? — 2
- O que é atrito? — 5
- Como se mede energia? — 5
- A energia pode ser criada do nada? — 7
- O que é a primeira lei da termodinâmica? — 8

PARTE I COMO A ENERGIA É USADA HOJE?

2 Uso atual de energia — 11

- Quanta energia os seres humanos precisam para sobreviver? — 11
- Quanta energia os seres humanos precisam para outras atividades? — 11
- Quais são as fontes de energia que utilizamos? — 13
- Qual é a origem da energia que utilizamos? — 14
- A que velocidade o consumo de energia está crescendo? — 16
- Qual é a relação entre crescimento populacional e crescimento energético? — 16
- Por que o consumo de energia *per capita* está crescendo? — 18
- Qual é a relação entre energia e desenvolvimento? — 18

O que é intensidade energética?	19
O que é o índice de desenvolvimento humano?	22
O que é o índice de felicidade interna bruta (FIB)?	25

PARTE II O SISTEMA ENERGÉTICO MUNDIAL ATUAL

3 Fontes de energia   29

Quais são as fontes primárias de energia?	29
Quais são as fontes secundárias de energia?	32
Quais são as perdas na conversão de fontes de energia?	32
O que é um diagrama de Sankey?	35

4 Combustíveis fósseis   38

O que são combustíveis fósseis?	38
O que sabemos sobre o carvão?	39
O que sabemos sobre o petróleo?	39
O que é petróleo abiótico?	41
Como o preço do petróleo tem evoluído?	41
O que sabemos sobre o gás natural?	43
Quanto se espera que durem as reservas e os recursos de combustíveis fósseis?	44
Quão irregular é a distribuição das reservas de combustíveis fósseis?	45

5 Energias renováveis   46

O que são energias renováveis?	46
O que é biomassa?	46
O que são usinas hidroelétricas?	48
O que é energia eólica?	50
O que são painéis fotovoltaicos?	50
O que é energia termossolar?	52

O que é termeletricidade solar? 53
O que é energia das ondas? 53
O que é energia das marés? 54
O que é energia geotérmica? 54
Qual é o potencial das energias renováveis? 55
Quanta terra é necessária para produzir energia renovável? 55
Qual é o potencial do maior uso de energias renováveis? 58

6 Energia nuclear 60

O que é energia nuclear? 60
Por que o crescimento da energia nuclear diminuiu desde 1985? 62
Quais são os problemas do descarte de lixo nuclear? 63
O que é o "renascimento" da energia nuclear? 64
O que é fusão nuclear? 66

PARTE III OS PROBLEMAS DO SISTEMA ENERGÉTICO ATUAL

7 Esgotamento dos combustíveis fósseis e segurança energética 69

Os combustíveis fósseis estão se esgotando? 69
O que é o "debate sobre o pico do petróleo"? 70
O que é segurança energética? 72
Quais são os problemas do acesso a serviços de energia nos países em desenvolvimento? 74

8 Problemas ambientais 76

Por que os problemas ambientais são tão importantes na atualidade? 76
Quais são os problemas ambientais locais? 78
O que é poluição atmosférica urbana? 78

O que é poluição do ar em ambientes internos? 79
Quais são os problemas ambientais regionais? 82
O que é chuva ácida? 82
Quais são os problemas ambientais globais? 83
O que é o efeito estufa? 84
Qual é a relação entre o aquecimento global e a energia? 86
O que é o Painel Intergovernamental sobre Mudanças Climáticas? 88
Quais são os fatos em relação à mudança climática? 88
Quais são as previsões dos modelos climáticos? 89
Quais são os impactos ambientais das fontes de energia renovável? 90
Quais são os impactos das usinas hidrelétricas? 91
Qual é a gravidade dos vazamentos e derramamentos de petróleo? 92
O desmatamento é causado pelo uso de energia? 93
O que é a pegada ecológica? 95

9 Custos de energia 97

Quais são os custos da energia? 97
O que são externalidades? 98
O que são "curvas de aprendizado"? 100
Qual é a dimensão dos subsídios de energia? 101

PARTE IV SOLUÇÕES TÉCNICAS E POLÍTICAS

10 Eficiência energética 105

Quais são as soluções técnicas existentes para o sistema energético atual? 105
Qual é o potencial da eficiência energética? 105
Quais são as vantagens da eficiência energética? 106
Quais são as barreiras à eficiência energética? 107

Qual é o potencial da eficiência energética na produção de energia? 108
Qual é o potencial da eficiência energética nos edifícios? 109
Como poderíamos aumentar a eficiência energética dos edifícios? 111
O que é *retrofit* de edifícios? 112
Qual é o impacto da urbanização no uso de energia? 113
Qual é o potencial da eficiência energética na indústria? 114
Qual é o potencial da eficiência energética no transporte? 115
O que é o efeito "rebote"? 117

11 Novas tecnologias 119

O que é cogeração? 119
Qual é o papel das novas tecnologias para os combustíveis fósseis? 120
O que é captura e armazenamento de carbono? 121
Qual é o futuro do transporte? 123
O gás natural, o gás liquefeito de petróleo e o hidrogênio são alternativas para o transporte? 124
Os veículos elétricos são viáveis? 124
O que são células de combustível? 126
Quanto avançou o armazenamento em baterias? 126
Qual é o papel do armazenamento de energia? 127
Qual é o papel da transmissão de eletricidade a longas distâncias? 128
O que são redes elétricas inteligentes? 129
Qual é o potencial da biomassa? 129
O etanol é um bom substituto para a gasolina? 131
Qual é o potencial do biodiesel? 132
Há competição entre bioenergia e alimentos? 133

12 Políticas — 135

Quais são as metas políticas para a energia renovável? — 135
O que são mandatos de biocombustível? — 135
O que são as normas de portfólio de energias renováveis? — 136
O que são as normas Cafe? — 137
O que são *feed-in tariffs*? — 138
O que é a Convenção sobre a Mudança do Clima? — 139
O que é o Protocolo de Quioto? — 139
O que é *cap and trade*? — 141
O que são impostos de carbono? — 142
O que é *leapfrogging* tecnológico? — 143
O que é desenvolvimento sustentável? — 145

PARTE V SOLUÇÕES NÃO TÉCNICAS

13 Energia e estilo de vida — 149

Qual é a relação entre energia e estilos de vida? — 149
O desenvolvimento tecnológico é o único fator por trás das mudanças em estilos de vida? — 151
Qual é o impacto dos modos de transporte nos estilos de vida? — 152
Quais são os principais determinantes das mudanças nos estilos de vida? — 153

Posfácio Energia no Brasil — 155

Apêndice 1 — 161

Apêndice 2 — 162

Referências — 163

Índice — 167

1
Conceitos básicos de energia

O que são forças?

Para viver e se movimentar, os seres humanos precisam superar a gravidade, a força de atração que a Terra exerce sobre todos os objetos. Também precisam superar outros obstáculos ao movimento, como o atrito. Com esforços musculares, os seres humanos conseguem superar esses obstáculos e, então, erguer seus corpos ou colocá-los em movimento. Além da força dos nossos músculos, a natureza tem diversas outras forças.

Isaac Newton (1642–1727) chamou de "força" qualquer agente capaz movimentar um corpo. Ele estabeleceu uma relação que determina a quantidade de força necessária para provocar determinado movimento:

$$\text{força (F)} = \text{massa (m)} \times \text{aceleração (a)}.$$

As forças são medidas em newtons (N). A força gravitacional sobre 1 quilograma (kg) de matéria é 9,8 N.

Com frequência, não basta aplicar uma força a um corpo para que ele se mova. Por exemplo, os cavalos que puxam uma carroça também precisam superar o atrito que existe entre a carroça e a estrada.

O que é trabalho?

Quando um objeto cai de uma determinada altura acima da superfície terrestre, a força da gravidade (F) resulta em uma quantidade de trabalho (W), definida como o produto da força pela distância que o objeto percorre (d):

trabalho (W) = força (F) × distância (d).

A unidade mais usada para o trabalho é o joule (J), que é a energia necessária para erguer uma pequena maçã de 102 gramas (g) a uma altura de 1 metro (m) contra a gravidade terrestre.

O que é energia?

Se quisesse erguer o mesmo objeto à altura do qual caiu originalmente, a pessoa precisaria gastar uma determinada quantidade de energia exatamente igual a W. A energia pode ser definida como a capacidade de produzir trabalho.

A energia pode ser cinética (por exemplo, a força derivada das ondas e do vento), gravitacional (das cachoeiras), elétrica (de turbinas e baterias), química (obtida de reações exotérmicas, como combustão de diesel e gasolina), térmica (da combustão de carvão ou madeira), radiante (da luz solar) e nuclear (obtida da fissão de átomos de urânio ou da fusão de núcleos de hidrogênio). Algumas formas são mais úteis do que outras, e várias podem ser transformadas. Por exemplo, a energia obtida de uma reação nuclear pode ser usada para aquecer a água e produzir vapor sob alta pressão, que, por sua vez, pode produzir trabalho para mover uma turbina e produzir eletricidade.

A capacidade de mover objetos é essencial para a nossa sobrevivência, e a quantidade de trabalho necessária para tanto depende muito de quanto fazemos e da energia que despender.

Quais são as forças comuns da natureza?

Existem três tipos de forças consideradas fundamentais: a gravitacional, a eletromagnética e a nuclear.

Forças *gravitacionais* são aquelas existentes entre os corpos, causadas pelas suas massas. É parte da nossa experiência cotidiana ver os corpos caindo quando são soltos no ar. Desde a Antiguidade, os cientistas estudam o movimento dos corpos em queda, mas Isaac Newton, que estudou as forças gravitacionais na Inglaterra do século XVII, foi o primeiro a, de fato, compreendê-las. O que Newton fez foi entender por que os corpos caíam no chão, por que a Lua gira em torno da Terra e por que a Terra gira ao redor do Sol. Ele concebeu a ideia de que existe uma força atrativa entre dois corpos quaisquer, com massas m_1 e m_2, e que a força é proporcional à massa dos corpos; e ainda, que essa força diminui à medida que a distância entre eles aumenta, em proporção ao inverso do quadrado da distância. É a lei da gravitação universal. É possível mostrar que a Terra exerce uma atração sobre um corpo como se toda a sua massa estivesse concentrada no seu centro. As forças *eletromagnéticas* (elétricas e magnéticas) existem em razão das cargas elétricas. As forças elétricas são atrativas, quando têm cargas diferentes (positivas e negativas), ou repulsivas, quando têm cargas iguais. O magnetismo é compreendido desde o século V a.C. Os gregos estavam familiarizados com as forças atrativas (e repulsivas) que existem entre determinados minerais, que os chineses usaram para montar bússolas usadas na navegação. Os gregos também observaram que o âmbar, quando esfregado contra peles, adquire a capacidade de atrair pequenos objetos. No século XVII, os cientistas já sabiam que os materiais esfregados em peles exerciam forças atrativas e repulsivas. Esse entendimento deu origem à ideia, apresentada por Benjamin Franklin, em 1747, de "eletricidade" positiva e negativa. Franklin também esclareceu que os relâmpagos eram causados pela "eletricidade" acumulada nas nuvens.

Em 1785, Charles-Augustin de Coulomb começou a medir essas forças. Ele descobriu que a lei da atração (ou repulsão) entre duas cargas é semelhante à atração gravitacional existente entre dois corpos: é proporcional à quantidade de eletricidade nos dois corpos e inversamente proporcional ao quadrado da distância entre eles.

Heinrich Hertz descobriu que cargas elétricas que oscilam rapidamente geram ondas eletromagnéticas que se propagam no espaço e possuem um componente elétrico e um magnético. Sua descoberta abriu o caminho para a comunicação por rádio e, posteriormente, para a televisão.

Existem forças *nucleares* entre os elementos constituintes do núcleo dos átomos.

Os constituintes básicos da matéria são os átomos, que têm uma estrutura semelhante à do sistema solar, no qual os planetas giram em torno de um corpo central (assim como a Terra gira em torno do Sol). Nos átomos, os elétrons (que têm cargas negativas) são atraídos e se movem em torno do núcleo do átomo (que contém prótons com cargas positivas), do mesmo modo que os planetas giram em torno do Sol. Os átomos como um todo são eletricamente neutros. Os átomos típicos têm diâmetro de 10^{-8} cm. As moléculas são compostas por combinações de átomos.

Os elementos químicos são caracterizados pelo número de elétrons que giram em torno do seu núcleo: por exemplo, o hidrogênio tem um elétron, o hélio tem dois e o urânio, 92. O núcleo tem dimensões minúsculas, geralmente 10^{-13} cm de diâmetro. Portanto, a repulsão entre os prótons é fortíssima. Para se contrapor a essas forças, existem forças nucleares que prendem os átomos uns aos outros, quando separados por distâncias menores do que 10^{-13} cm. No núcleo, também há partículas sem carga (chamadas de nêutrons), que desempenham um papel nesse processo de ligação.

A força expansiva dos gases também é conhecida desde a Antiguidade, mas o estudo da força expansiva evoluiu de forma completamento independente do estudo da mecânica. Os dois campos foram unificados no final do século XVIII, quando os cientistas perceberam que o trabalho mecânico poderia ser transformado em calor. J. J. Thomson (1753–1814) foi o primeiro a notar esse fato quando observou o processo de perfuração de blocos de ferro, usado na fabricação de canhões. Em 1843, James Prescott Joule estabeleceu o equivalente mecânico do calor.

Mais recentemente, a teoria cinética dos gases levou a um entendimento mais completo da relação estreita entre trabalho mecânico e calor. De acordo com essa teoria, os gases são formados quando as moléculas colidem umas com as outras e com as paredes dos objetos que as contêm. O calor, portanto, não passa de energia mecânica: quanto maior a temperatura, maior a velocidade média das moléculas.

O que é atrito?

O atrito não é uma força fundamental, como a gravitacional ou a eletromagnética. Ele se origina das irregularidades superficiais e/ou forças entre objetos que entram em contato uns com os outros. Suas características são totalmente empíricas e dependem da natureza das superfícies em contato.

Por exemplo, dois pratos de vidro bem limpos, quando colocados em contato, mesmo no vácuo, são muito difíceis de separar. É como se houvesse "tentáculos" que saltam de uma superfície e se agarram a outra, de modo que é necessário rompê-los para separar os dois.

O atrito tem um papel muito importante no funcionamento dos mais diversos tipos de máquina, pois superá-lo exige trabalho que poderia ser usado para outros fins. O atrito, portanto, também é chamado de uma "força dissipativa", que é irreversível. Se o movimento é revertido, como quando duas superfícies deslizam uma sobre a outra, a energia precisa ser gasta novamente.

Na ausência do atrito, o movimento contínuo de um sistema que retorna periodicamente à sua posição original, como o de um pêndulo oscilante, seria possível. Na realidade, o ar causa atrito, então a amplitude da oscilação é reduzida gradualmente até parar. No vácuo, um pêndulo oscilaria por muito mais tempo antes de desacelerar e parar, pois o único atrito existente seria o ponto de suspensão.

Como se mede energia?

Um joule é definido como o trabalho realizado por uma força de 1 newton (N) no deslocamento de 1 m. A força da gravidade sobre 1 kg de matéria é de 9,8 N; logo, 1 J é a quantidade de energia necessária para erguer um corpo de 102 g a uma altura de 1 m.

A quantidade de trabalho (ou a energia necessária para produzi-lo) também pode ser medida em calorias. Uma caloria é a quantidade de energia necessária para aumentar a temperatura de 1 g de água em 1°C (ex.: de 13,5 °C para 14,5 °C). Uma caloria é equivalente a 4,18 J.

O tempo necessário para realizar uma determinada quantidade de trabalho é muito importante. Por exemplo, um homem pode erguer do solo 40 pedras de 25 kg, uma por uma, e colocá-las em uma carroça, mas não conseguiria erguer todas (1.000 kg) em uma única operação, apesar do trabalho total realizado ser exatamente o mesmo, em ambos os casos. A quantidade de trabalho realizada por unidade de tempo é chamada de potência (P) e é medida em watts (W). Um watt é igual a 1 joule por segundo (J/s). A unidade empregada para medir a potência em muitos países é o "cavalo-vapor" (ou HP, equivalente a cerca de 746 W), que tradicionalmente representava a "potência" de um cavalo ou 7,5 vezes a potência de um homem.

O ser humano, em média, consome energia a uma potência de cerca de 100 W (a potência de uma lâmpada incandescente média), variando entre 85 W, durante o sono, e 800 W ou mais, durante exercícios intensos.

Uma unidade usada frequentemente é a tonelada equivalente de petróleo (tep ou toe, de *ton of oil equivalent*), que é igual a 10 milhões de kcal (10^{10} cal), pois 1 kg de petróleo contém 10.000 kcal. É normal converter a energia de todas as outras fontes de energia para toneladas equivalentes de petróleo, incluindo a energia elétrica, medida em quilowatt-hora.

A Tabela 1.1 lista as unidades mais utilizadas.

TABELA 1.1 Unidades de trabalho, energia e potência

1 joule (J)	=	10^7 ergs
1 watt (W)	=	1 J/s
1 HP	=	746 W
1 cal	=	4,18 J
1 quilowatt-hora (kWh)	=	$3,6 \times 10^{13}$ ergs = 3.600 kj
		860 kcal = $8,6 \times 10^{15}$ tep
1 tep (tonelada equivalente de petróleo)	=	10.000×10^3 kcal
	=	1,28 tonelada de carvão
	=	11.630 kWh
1 BTU (unidade térmica britânica)	=	252 cal
1 kW-ano/ano	=	0,753 tep/ano

A energia pode ser criada do nada?

À medida que a humanidade desenvolveu ferramentas para facilitar o trabalho, como eixos ou alavancas, surgiu um grande esforço para descobrir máquinas que poderiam realizar trabalho sem a necessidade de esforços musculares. O espírito humano sempre foi fascinado pela ideia de construir uma máquina de *perpetuum mobile*, ou moto perpétuo, que uma vez colocada em movimento, nunca pararia de funcionar. Todos os esforços no sentido de construir máquinas desse tipo fracassaram. O motivo é a natureza da lei da força gravitacional de Newton; a energia realizada com o envolvimento da força da gravidade é sempre conservada, ou seja, permanece constante e não pode ser criada ou destruída. Por exemplo, se um corpo cai de uma determinada altura, uma determinada quantidade constante de trabalho é realizada. Erguer o corpo à mesma altura exige que seja realizada exatamente a mesma quantidade de trabalho de quando o objeto cai, independentemente da trajetória percorrida para erguer o objeto.

É a uma descoberta absolutamente fundamental, pois significa que a energia não pode ser criada ou destruída. Significa também que é impossível construir uma máquina no campo gravitacional que produza trabalho mecânico, como moer cereais, sem adicionar uma fonte de energia externa ao sistema.

Robert Fludd apresentou uma das propostas mais interessantes para uma máquina de *perpetuum mobile* em 1630 (Figura 1.1). pro-

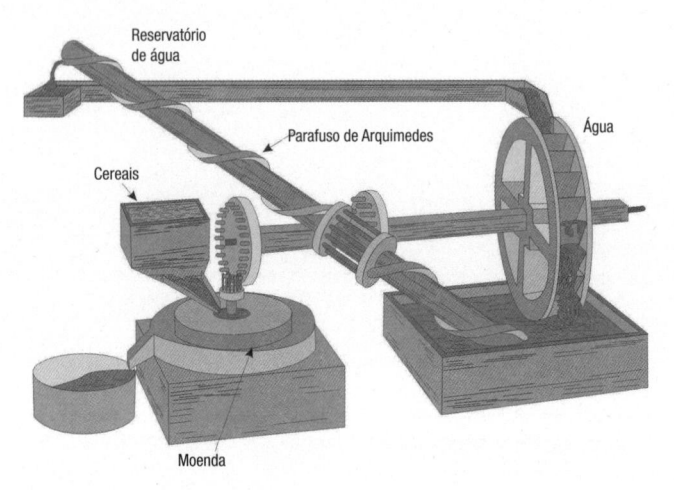

FIGURA 1.1 Máquina de *perpetuum mobile* de Fludd.

jetou uma máquina na qual a força da gravidade moveria uma roda d'água ligada a um parafuso infinito, que, por sua vez, moveria toda a água de volta ao reservatório original; o giro da roda d'água serviria de força matriz para um dispositivo que moeria trigo ou outros cereais.

Obviamente, a engenhoca não funcionou.

O que é a primeira lei da termodinâmica?

A lei da conservação da energia mecânica pode ser estendida para incluir fenômenos térmicos. Em um sistema isolado, a soma das energias mecânicas e térmicas é conservada. Esta é a primeira lei da termodinâmica, segundo a qual a variação total da energia contida em um sistema fechado é igual ao efeito (líquido) do calor e do trabalho que o sistema sofre com o ambiente. Em outras palavras, a energia não pode ser criada nem destruída. Um exemplo disso é o trabalho realizado pelas forças gravitacionais.

A primeira lei pode ser estendida para incluir todas as formas de energia: mecânica, térmica, elétrica, magnética, química e nuclear.

PARTE I

COMO A ENERGIA É USADA HOJE?

2
Uso atual de energia

Quanta energia os seres humanos precisam para sobreviver?

O mínimo de energia que um ser humano adulto precisa por dia para viver é de aproximadamente 1.000 quilocalorias (1 milhão de calorias). Uma pessoa que consome menos do que essa quantidade de energia perderá peso e poderá vir a morrer. Nos campos de concentração da Segunda Guerra Mundial, os prisioneiros recebiam menos de 1.000 kcal/dia. Um adulto que realiza atividades normais precisa de cerca de 2.000 kcal/dia, que é a quantidade de energia contida em uma xícara de petróleo. Para uma pessoa que realiza trabalho manual pesado, são necessárias 4.000 kcal/dia. A Tabela 2.1 mostra a energia necessária para diversas tarefas humanas.

Quanta energia os seres humanos precisam para outras atividades?

Para satisfazer as necessidades crescentes dos seres humanos nas sociedades modernas, é preciso um aumento considerável no consumo de energia.

Examinando a história, é possível ver com clareza que, à medida que os seres humanos avançaram tecnologicamente, suas necessidades energéticas também aumentaram. A Figura 2.1 mostra a relação entre o desenvolvimento humano e as necessidades energéticas

TABELA 2.1 Necessidades energéticas para diferentes atividades

Esforço	Exemplo	Consumo de energia (kcal/hora)
Leve a moderado	atividades leves	50–60
	caminhar	125–180
	trabalho leve (ex.: carpintaria)	150–180
	marchar	280
	quebrar pedras	350
Pesado	remar, nadar, correr	400–700
	esportes intensos	800–1.000

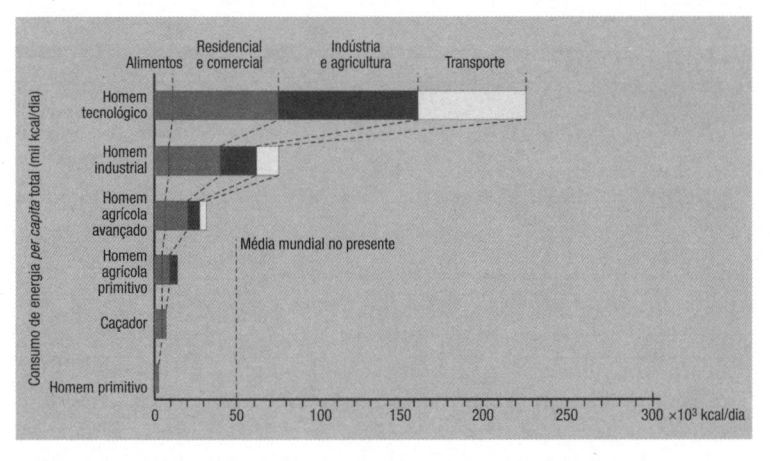

FIGURA 2.1 Estágios do desenvolvimento e consumo de energia *per capita*.

em quatro categorias: (1) alimentação, (2) residencial e comercial, (2) indústria e agricultura e (4) transporte.

Um milhão de anos atrás, o homem primitivo na África Oriental ainda não dominara o fogo e dependia exclusivamente da energia dos alimentos ingeridos (cerca de 2.000 kcal/dia). Cem mil anos atrás, os caçadores já consumiam mais alimentos e queimavam madeira para cozinhar e para aquecer suas cabanas. Posteriormente, o homem agrícola primitivo da Mesopotâmia (10.000 a.C.) usava a energia de animais de trabalho para atividades agrícolas. No início da Idade Moderna (1.400 d.C.), o homem agrícola avançado do nordeste europeu usava o carvão para aquecimento e a energia mecânica das cascatas e do vento. Durante esse período, o transporte também assumiu um papel importante no comércio. Na Inglaterra, em 1875, o homem industrial desenvolveu o motor a vapor e houve um aumento substancial no comércio e no transporte. No século XX, o homem tecnológico aprimorou o motor a vapor e desenvolveu os motores de combustão interna (ciclos de Otto e Diesel), motores elétricos e energia nuclear. O consumo *per capita* nos países industrializados atingiu a marca de mais de 100 vezes o consumo dos seres humanos primitivos.

Atualmente, a média mundial de consumo de energia é de aproximadamente 1,8 tep por ano (50.000 kcal/dia). O consumo de energia nos Estados Unidos é cerca de seis vezes maior (300.000 kcal/dia) do que a média mundial.

Quais são as fontes de energia que utilizamos?

Até o final da Idade Média, a principal fonte de energia utilizada pela população humana tinha origem na biomassa, isto é, em fontes de energia renováveis de base biológica, a saber, agricultura e silvicultura. Por consequência, uma parcela significativa das florestas europeias foi derrubada para uso como combustível. Contudo, com o crescimento populacional e do consumo de energia, os seres humanos exploraram novas fontes primárias de energia além da madeira, incluindo os rios, que forneceria energia hidráulica; carvão para aquecimento e geração de vapor; petróleo e derivados produzidos por destilação (gasolina, diesel, óleo e óleo combustível), para acionar motores de combustão interna; e urânio, para gerar energia termonuclear.

A Figura 2.2 traça o enorme crescimento do consumo de energia desde o início do século XX, à medida que máquinas e novas tecnologias entraram em uso. A figura mostra também o aumento gradual do uso de carvão, petróleo, gás, energia nuclear e energia renovável.

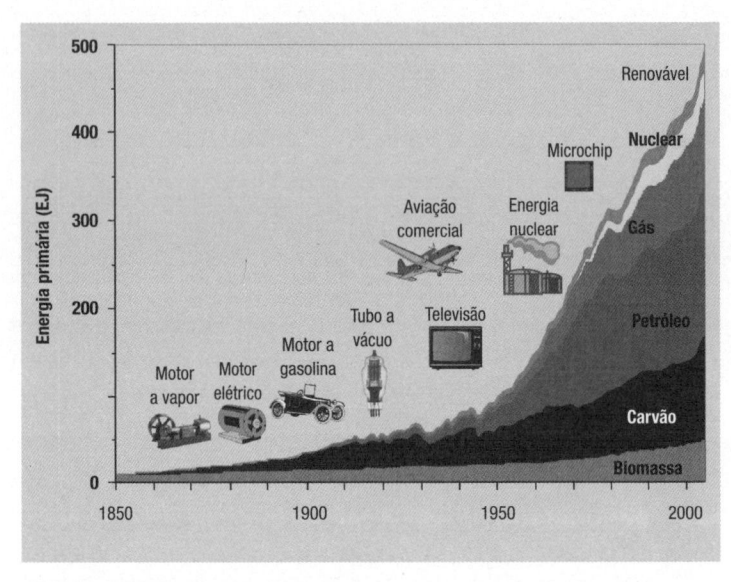

FIGURA 2.2 As fontes de energia usadas desde 1850.

Qual é a origem da energia que utilizamos?

A Terra é bombardeada continuamente pela radiação do Sol, com intensidade de 1.363 W/m^2 por ano, que corresponde a 173.000.000 W incidentes sobre a Terra como um todo. Aproximadamente 30% dessa radiação é refletida para a atmosfera e reemitida para o espaço. Os 70% restantes são responsáveis por produzir o clima da Terra, e 23% dessa radiação é consumida pela evaporação da água nos oceanos, circulação do vapor d'água e precipitação da água no chamado ciclo hidrológico. Uma fração da água se acumula em lagos acima do nível do mar ou em rios, a partir dos quais correm de volta para os oceanos. No processo, ela pode gerar hidroeletricidade. Os 47% finais da energia solar são absorvidos pela atmosfera, aquecendo o ar, os oceanos e a superfície da Terra (o que determina sua temperatura média). O aquecimento do ar dá origem aos ventos, que podem ser usados para gerar eletricida-

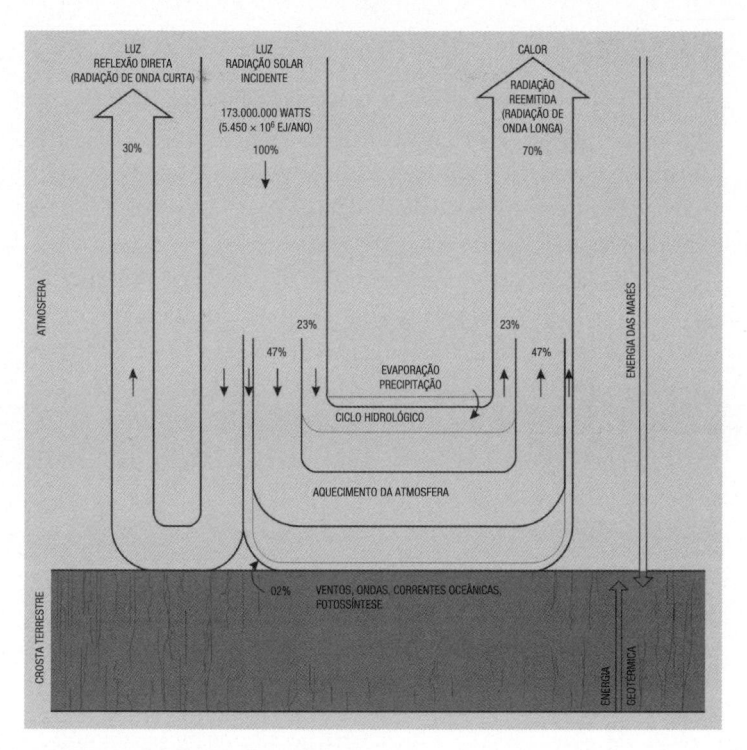

FIGURA 2.3 Os fluxos de energia da Terra.

de em turbinas eólicas; o vento também gera as ondas do oceano. Uma pequena fração da radiação solar incidente é capturada pelas plantas por meio da fotossíntese, que permite que formem matéria orgânica (ex.: madeira usada como combustível). Ocasionalmente, os restos de outras matérias orgânicas (ex.: plâncton e animais marinhos) se acumulam ou são soterrados por sedimentação ou atividades geológicas, como terremotos. Nesses casos, a falta de oxigênio impede a sua combustão completa. Ao longo de milhões de anos, essa matéria orgânica soterrada se transformou em óleos (petróleo), gás natural e carvão. São os combustíveis fósseis que utilizamos no mundo moderno (Figura 2.3).

A que velocidade o consumo de energia está crescendo?

O consumo de energia mundial cresceu em média 2,2% por ano entre 1971 e 2006, que é aproximadamente equivalente a dobrar o consumo a cada 30 anos. Contudo, o crescimento é desigual entre as diferentes fontes de energia: anualmente, é de 1,8% para o carvão, 1,3% para o petróleo, 2,0% para o gás, 0,7% para a energia nuclear e 6,6% para a energia renovável. Também é bastante irregular entre as nações. Nos países desenvolvidos, o crescimento é de 1,4% ao ano, mas nos países em desenvolvimento é de 3,2% ao ano. O consumo de energia total nos países da Organização para a Cooperação e Desenvolvimento Econômico (OCDE) estabilizou-se a partir do ano 2000 e foi ultrapassado recentemente pelos países que não são membros da OCDE.

Os principais fatores por trás do crescimento da energia são o crescimento populacional e o maior consumo de energia *per capita*.

Qual é a relação entre crescimento populacional e crescimento energético?

O crescimento populacional é um dos principais determinantes do aumento no consumo de energia. Entre 1850 e 1990, o crescimento populacional anual médio foi de 1,1% e o crescimento do consumo de energia total foi de 2,2%.

A evolução do crescimento populacional ao longo dos últimos 12.000 anos é apresentada na Tabela 2.2.

As projeções indicam que a população mundial pode atingir 8,6 bilhões no ano 2050 e 10,2 bilhões no ano 2100. Como o crescimento populacional é um dos principais fatores determinantes do consumo de energia nas próximas décadas, é importante listar os fatores que poderiam determinar reduções no seu crescimento. As principais causas do crescimento populacional são as gestações não planejadas, o desejo por famílias maiores e a

TABELA 2.2 População e estágios de desenvolvimento

Estágio de desenvolvimento	Ano	População (milhões)	Consumo de energia/capita/dia ($\times 10^3$ kcal/capita/dia)
Homem agrícola primitivo	10000 a.C.	80	12
Homem agrícola avançado	1400 d.C.	500	20
Homem industrial	1875 d.C.	1.400	77
Homem tecnológico	2000 d.C.	6.100	200

dinâmica populacional (consequência de as pessoas terem filhos quando são mais jovens).

Reduzir a gravidez indesejada por meio do fortalecimento de programas de planejamento familiar poderia diminuir a população de 10,2 bilhões para 8,3 bilhões até o ano 2100. Reduzir a demanda por famílias maiores por meio de investimentos no desenvolvimento humano poderia levar a uma redução adicional, de 8,3 bilhões para 7,3 bilhões no ano 2100.

A dinâmica populacional poderia ser contida se a idade média em que as mulheres têm filhos fosse elevada. Se aumentássemos a idade média em cinco anos, poderíamos obter uma redução adicional, de 7,3 bilhões para 6,1 bilhões até o ano 2100. Todas essas reduções são os limites máximos teóricos do que seria possível, mas destacam as possíveis ações capazes de causar uma redução real no crescimento populacional durante o próximo século.

Todos sabem que os países desenvolvidos passaram por transições demográficos que levaram à queda da taxa de fecundidade (TF) para aproximadamente 2, que é a taxa de reposição populacional. As causas exatas do declínio da TF são bastante complexas e sinérgicas em sua natureza, incluindo aquelas listadas anteriormente. A tendência é que países em desenvolvimento sigam trilha semelhante.

Por que o consumo de energia *per capita* está crescendo?

O crescimento do consumo de energia está ligado ao desenvolvimento das cidades; no passado, as sociedades agrícolas primitivas usavam quantidades modestas de energia para alimentação, moradia, comércio e agricultura industrial. A energia era obtida principalmente pelo uso de animais domésticos e escravos. Com o desenvolvimento da vida urbana, a maior demanda por edifícios e transporte exigiu mais uso de energia. Contudo, a "explosão" do crescimento da energia *per capita* começou de fato com a invenção de máquinas, como o motor a vapor, que abriu o caminho para as ferrovias e a grande expansão do comércio e do transporte — e a construção das grandes cidades. A descoberta da eletricidade, no final do século XIX, possibilitou o surgimento de tecnologias modernas, como as geladeiras, lavadoras de roupa, rádio, TV e telecomunicações, todas as quais revolucionaram nossos padrões de consumo e produziram um aumento correspondente no consumo *per capita* de energia.

Qual é a relação entre energia e desenvolvimento?

O crescimento da renda é um sonho da maioria das pessoas e geralmente está associado ao desenvolvimento. Uma renda *per capita* maior significa que os indivíduos podem adquirir mais bens materiais, como carros, eletrodomésticos e casas melhores, consequentemente exigindo mais energia para serem produzidos e utilizados. Contudo, a relação entre renda *per capita* e consumo de energia é complexa.

A Figura 2.4 mostra o produto interno bruto (PIB) *per capita* de diversos países em relação ao consumo de energia comercial *per capita* (em tep) por ano. O PIB é medido em dólares ajustados pela paridade do poder de compra do ano 2000.

Carvão, petróleo, gás natural e eletricidade são tipos comerciais de energia. A energia não comercial ou tradicional inclui combustíveis baseados em biomassa coletados localmente e não processados, como resíduos agrícolas, madeira e esterco animal.

Obviamente, seria uma simplificação grosseira pressupor uma relação linear entre esses dois indicadores, embora o conceito tenha sido usado repetidamente (e continue a ser adotado) como ferramenta de planejamento em diversos países.

Há, no mínimo, três razões para o consumo de energia e a renda não estarem ligados ou não terem uma relação linear.

Primeiro, podemos considerar as evidências históricas: nos Estados Unidos entre 1850 e 1950, a fase inicial da industrialização do país, o consumo de energia *per capita* cresceu mais rapidamente do que a renda *per capita*. A partir de 1950, o oposto ocorreu, e a renda cresceu mais rápido do que o consumo de energia. Isso é explicado pela transição da construção de infraestrutura para os serviços, que envolvem o uso menos intensivo de energia.

Em segundo lugar, podemos comparar os países industrializados: nos Estados Unidos, o consumo *per capita* é 40% maior do que na Suécia, para a mesma renda *per capita*, apesar de os suecos enfrentarem um clima mais inóspito. A diferença reside no fato de as residências suecas terem isolamento térmico superior e a população daquele país dirigir automóveis menores e mais eficientes.

Por fim, podemos comparar os países industrializados e os em desenvolvimento: no segundo grupo, localizado principalmente na zona equatorial, o clima é mais ameno. Logo, há menos necessidade de energia para fins de aquecimento. Além disso, as fontes não comerciais de energia são importantes nos países em desenvolvimento, especialmente nas zonas rurais, onde a economia se baseia em um sistema de escambo e não é medida em dólares, fato que não é capturado por gráficos como aquele apresentado na Figura 2.4.

O que é intensidade energética?

A intensidade energética (I, ver abaixo) é definida como a razão entre a energia e o PIB:

$$I = E/PIB.$$

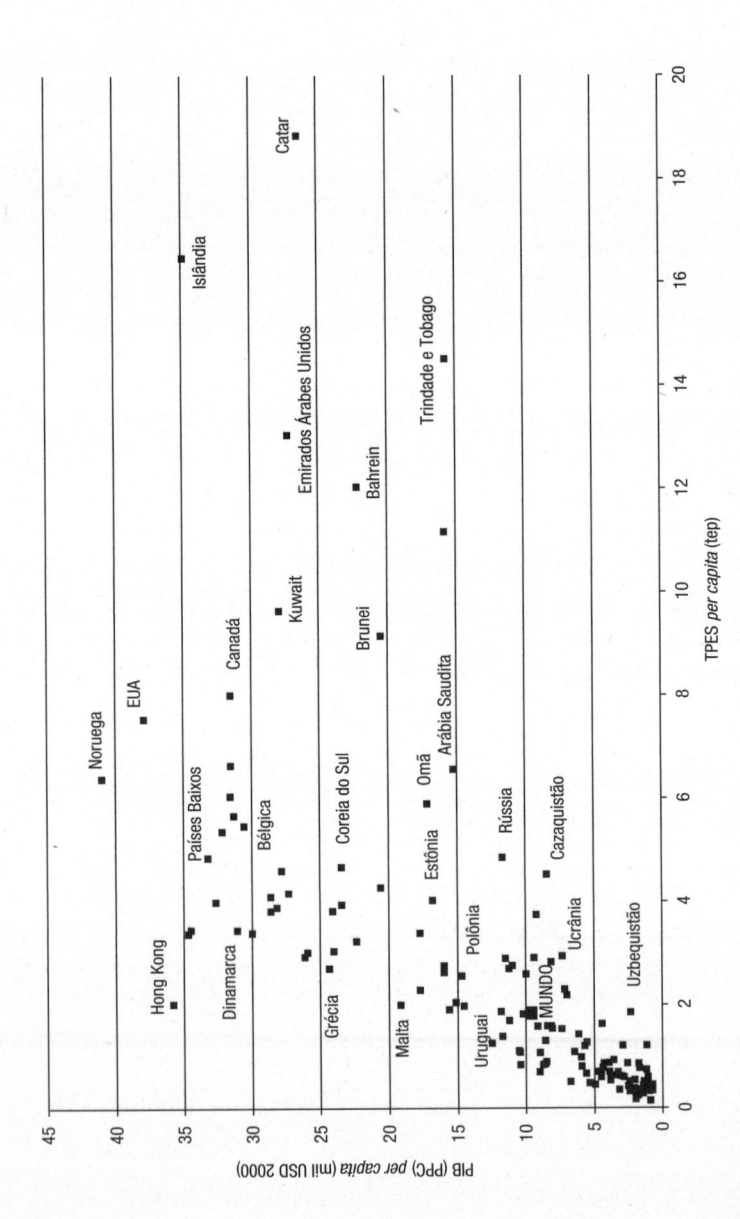

FIGURA 2.4 Relação entre produto interno bruto (PIB) *per capita* e uso de energia *per capita* (2008).

A evolução histórica da intensidade energética do país reflete a combinação dos efeitos de mudanças estruturais na economia (embutidas no PIB) e mudanças no *mix* de fontes de energia e na eficiência do uso de energia (embutido na energia primária consumida, E).

Em alguns países industrializados, como Reino Unido, Estados Unidos, Alemanha, França e Japão, os dados disponíveis nos permitem acompanhar a evolução da intensidade energética durante mais de um século (Figura 2.5). Esse registro mostra que a intensidade energética aumentou à medida que a infraestrutura e a indústria pesada se desenvolveram, atingiu o seu pico e começou a diminuir continuamente. Nos países que se industrializaram posteriormente, como o Japão, o pico da intensidade energética foi me-

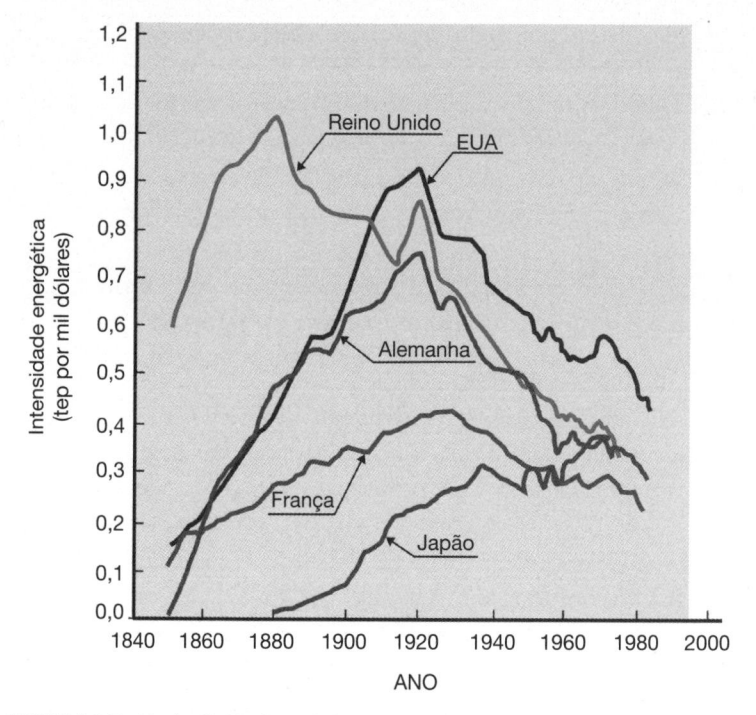

FIGURA 2.5 Evolução histórica de longo prazo da intensidade energética dos países industrializados.

nor do que nos seus predecessores, indicando a adoção mais rápida de tecnologias e processos industriais inovadores, modernos e de maior eficiência energética.

Embora seja um indicador muito grosseiro, a intensidade energética tem algumas vantagens interessantes: enquanto E e PIB *per capita* variam por mais de uma ordem de magnitude entre os países em desenvolvimento e desenvolvidos, a intensidade energética não varia por um fator de mais de 2. Isso se deve, em parte, ao fato de os sistemas energéticos dos países industrializados e em desenvolvimento no setor "moderno" da economia terem características em comum.

Em especial, após a crise do petróleo da década de 1970, os países industrializados conseguiram reduzir o seu consumo de combustíveis fósseis por meio de um uso mais eficiente da energia e com mudanças estruturais que levaram às economias pós-industriais. Devido a uma combinação desses fatores, a intensidade energética dos países da OCDE tem diminuído em cerca de 2,3% por ano, durante as últimas décadas, embora ainda cresça em muitos países em desenvolvimento a uma taxa de aproximadamente 1,2% ao ano.

O que é o índice de desenvolvimento humano?

Além da renda *per capita*, diversos outros indicadores, como longevidade, alfabetização e fecundidade, parecem estar fortemente correlacionados com o consumo de energia. Por esse motivo, foi proposto um indicador mais complexo, o índice de desenvolvimento humano (IDH), para corrigir algumas das falhas decorrentes de usar a renda *per capita* para medir o desenvolvimento.

O IDH é composto de:
- Longevidade, medida pela expectativa de vida;
- Conhecimento, medido como uma combinação de adultos alfabetizados (peso de dois terços) e média de anos de escolarização (peso de um terço); e

- Padrão de vida, medido por poder de compra, baseado no PIB *per capita* real ajustado pelo custo de vida local (ou paridade do poder de compra [PPC]).

Todos esses indicadores fornecem um valor entre 0 e 1; calcula-se a média dos números resultantes para chegar-se a um índice geral. Por exemplo, se a expectativa de vida mínima é de 25 anos e a máxima de 85, o componente de longevidade para um país cuja expectativa de vida é de 55 anos seria igual a 0,5. A mesma lógica é utilizada para medir conhecimento e o padrão de vida.

A Figura 2.6 mostra o IDH como função do consumo de energia comercial *per capita* por ano para grande número de países.

Fica evidente pela Figura 2.6 que, em países com um consumo de energia acima de 2 tep *per capita* por ano, o valor do IDH é maior do que 0,8 e basicamente constante. A quantidade de energia *per capita*, portanto, parece ser a energia mínima necessária para garantir um nível de vida aceitável, de acordo com o IDH, apesar das muitas variações nos padrões de consumo e estilos de vida entre os diversos países. Um IDH semelhante para países com rendas *per capita* diferentes significa que uma renda menor é compensada por maior longevidade e mais conhecimento.

Como também mostra a Figura 2.6, uma parcela significativa da população em muitos países tem IDH baixíssimo. Uma análise realizada pelo Banco Mundial indica que há mais de 2 bilhões de pessoas sem acesso a serviços de energia adequados, baseados no uso de combustíveis líquidos e gasosos, assim como eletricidade. Sem acesso à energia, as oportunidades de desenvolvimento econômico e de melhoria nas condições de vida são limitadas. Mulheres e crianças sofrem desproporcionalmente.

O acesso a serviços de energia a preços baixos é fundamental para as atividades humanas, para o desenvolvimento e para o crescimento econômico. As enormes disparidades em acesso a serviços de energia e a energia comercial barata nos centros urbanos e nas zonas rurais são fontes de desigualdade, contrariam o conceito de desenvolvimento humano e ameaçam a estabilidade social.

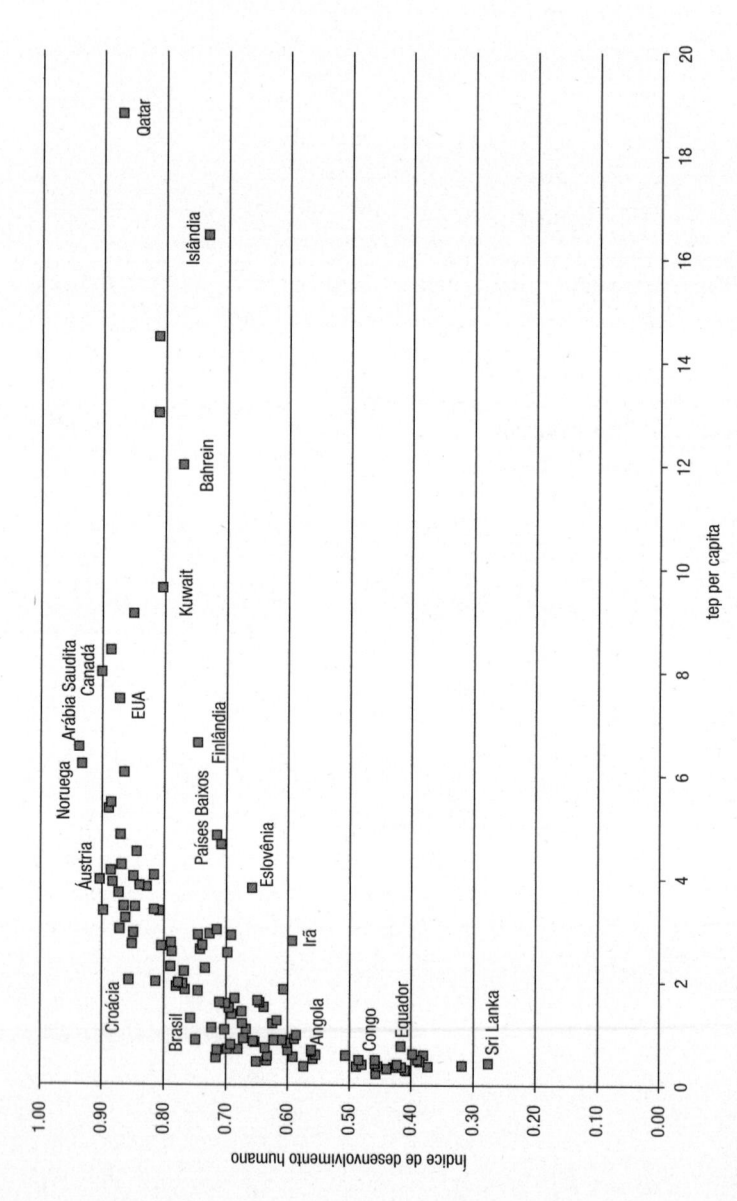

FIGURA 2.6 Relação entre o índice de desenvolvimento humano e o uso de energia *per capita* (2008).

O que é o índice de felicidade interna bruta (FIB)?

O conceito de felicidade interna bruta (FIB) foi desenvolvido como um indicador que avalia a qualidade de vida ou progresso social em termos mais amplos do que o PIB ou o IDH, incluindo medidas de bem-estar e felicidade.

Em uma das suas variantes, a FIB é a média dos indicadores derivados de dados estatísticos, tais como bem-estar econômico, ambiental, físico, mental, social, político e no ambiente de trabalho, endividamento dos consumidores, níveis de poluição, distribuição de renda, doenças, uso de antidepressivos, desemprego, taxas de diversidade, taxas de criminalidade e liberdade individual.

Foram realizados levantamentos globais de FIB em diversos países, ainda que muito criticados, porque a FIB depende de avaliações subjetivas sobre o significado do bem-estar.

PARTE II
O SISTEMA ENERGÉTICO MUNDIAL ATUAL

3
Fontes de energia

Quais são as fontes primárias de energia?

O sistema energético mundial é enorme: em 2008, somava 492 exajoules, o que corresponde a 11,75 bilhões de toneladas equivalentes de petróleo (tep). Com uma população de quase 6,7 bilhões de pessoas, isso corresponde a aproximadamente 1,75 tep *per capita* por ano (Figura 3.1).

As fontes primárias de energia são:

- Solar, responsável pela energia hidrelétrica, eólica, fotovoltaica e termossolar, além da produção de biomassa e, em última análise, dos combustíveis fósseis (carvão, petróleo e gás);
- Energia geotérmica, originária do núcleo derretido da Terra;
- Energia das marés (ou maremotriz), originária da atração gravitacional da Lua; e
- Energia nuclear, originária dos núcleos dos átomos.

As fontes de energia renovável são aquelas produzidas por fontes geofísicas ou biológicas naturalmente repostas à taxa de extração. A biomassa, hidreletricidade, energia eólica, energia solar fotovoltaica, energia termossolar de alta temperatura, energia solar de baixa temperatura, energia geotérmica e energia oceânica na forma das ondas e marés são renováveis. A energia nuclear não é estritamente renovável, pois as reservas de urânio (a partir do qual a energia

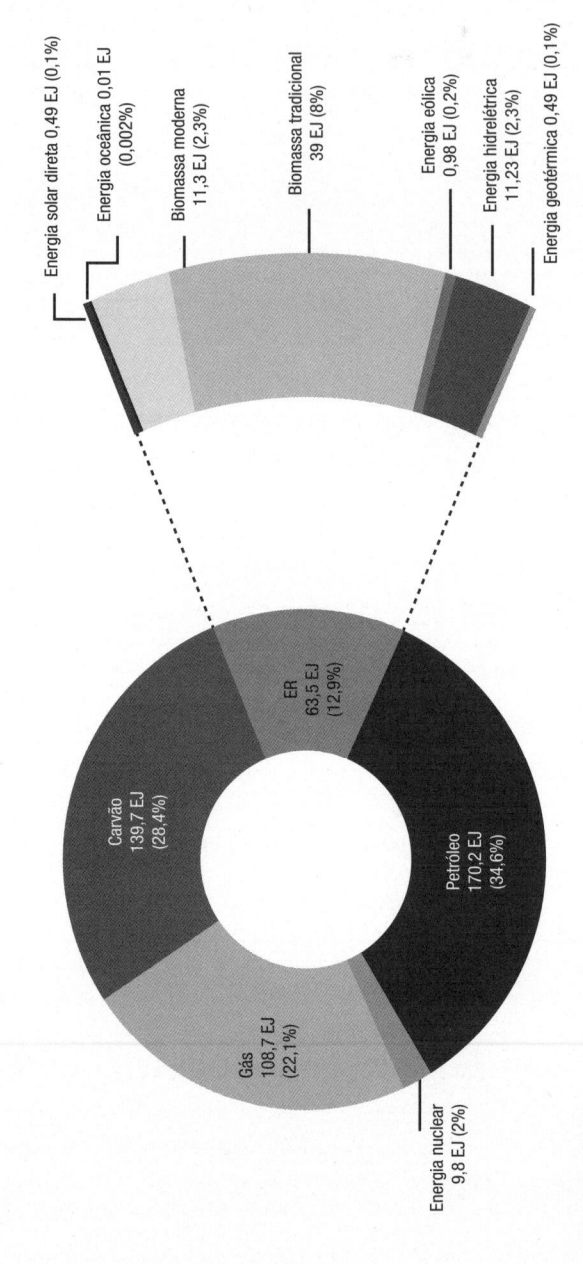

FIGURA 3.1 O suprimento energético primário mundial (2008).

- Energia solar direta 0,49 EJ (0,1%)
- Energia oceânica 0,01 EJ (0,002%)
- Biomassa moderna 11,3 EJ (2,3%)
- Biomassa tradicional 39 EJ (8%)
- Energia eólica 0,98 EJ (0,2%)
- Energia hidrelétrica 11,23 EJ (2,3%)
- Energia geotérmica 0,49 EJ (0,1%)

- ER 63,5 EJ (12,9%)
- Carvão 139,7 EJ (28,4%)
- Petróleo 170,2 EJ (34,6%)
- Gás 108,7 EJ (22,1%)
- Energia nuclear 9,8 EJ (2%)

TABELA 3.1 As principais fontes de energia

Fonte de energia	Energia (watts$\times 10^{12}$)
Sol	173.000.000
Geotérmica	32
Gravitacional (marés)	3

nuclear é produzida) são finitas, mas ainda podem durar por muito tempo, à taxa de consumo atual.

A energia do Sol é, de longe, a fonte de energia dominante da Terra (Tabela 3.1).

A matriz energética mundial em 2008 era, em grande parte, composta por combustíveis fósseis, dos quais o petróleo respondia por 34,6% do total, o carvão 28,4%, o gás natural 22,1% e a energia nuclear 2,0%, o que representa 87,1% do total. As energias renováveis representavam os 12,9% restantes, divididos em biomassa tradicional (8%), biomassa moderna (2,3%), hidreletricidade (2,3%), energia eólica (0,2%), geotérmica (0,1%), energia solar direta (0,1%) e energia oceânica (0,002%). A biomassa moderna

TABELA 3.2 As fontes primárias de energia mundiais (2008)

Fonte de energia	EJ	%	Gtep[a]
Carvão	139,7	28,4	3,34
Petróleo	170,2	34,6	4,06
Gás	108,7	22,1	2,59
Nuclear	9,8	2	0,23
Energia hidrelétrica	11,23	2,3	0,27
Biomassa tradicional	39	8	0,93
Biomassa moderna	11,3	2,3	0,27
Eólica	0,98	0,2	0,02
Geotérmica	0,49	0,1	0,01
Energia solar direta	0,49		0,01
Energia oceânica	0,01	0,002	–
Total	492,00	100,0	11,75

[a]1 Gtep = 41,87 EJ

inclui bioetanol, biodiesel, eletricidade e CHP (sistema combinado de geração de calor e energia).

A contribuição de todas as fontes primárias de energia se encontra na Tabela 3.2.

Quais são as fontes secundárias de energia?

As fontes primárias de energia (petróleo, carvão, gás, hidráulica, urânio e renováveis) normalmente precisam sofrer transformações significativas antes que possam ser utilizadas. Por exemplo, há um longo caminho entre a extração de carvão (que é uma fonte primária de energia) e a usina termelétrica, que o converte em eletricidade (uma fonte secundária de energia) e sua distribuição por meio da rede elétrica para uso final, como em lâmpadas domésticas. Em geral, 30% da energia primária se perde na transformação em energia secundária.

Os usos finais da energia normalmente são classificados como indústria, transporte, residencial, comercial e serviços públicos e uso não energético, como indicado na Tabela 3.3.

Quais são as perdas na conversão de fontes de energia?

As transformações mais importantes na transição das fontes primárias de energia para produtos consumíveis são a produção de eletricidade e de força motriz. O processo geralmente consiste na

TABELA 3.3 Usos finais de energia no mundo (2008)

Setor	Milhão de tep	%
Indústria	2.435	28,8
Transporte	2.299	27,3
Residencial	2.024	24,0
Comercial e serviços públicos	0,693	8,2
Outros (agricultura, silvicultura)	0,323	3,8
Uso não energético	0,747	8,9
Total	8,428	100,0

queima de combustíveis fósseis para produzir vapor, que então é utilizado para produzir energia mecânica ou eletricidade.

A ideia de usar o vapor da água fervente para produzir energia mecânica tem um longo histórico. Por exemplo, os gregos usavam a força expansiva dos gases para abrir as portas dos templos sem a intervenção de mãos humanas, 2.500 anos atrás. O fato provavelmente teve um impacto extraordinário entre os atenienses.

Contudo, para produzir trabalho mecânico de forma sustentada é preciso usar uma máquina que opera em ciclo, ou seja, que retoma continuamente uma operação inicial e a repete sucessivamente. Abrir as portas dos templos não cumpre esse critério. No final do século XVII, o ferreiro e mecânico inglês Thomas Newcomen (1663–1729) conseguiu fazê-lo, usando uma enorme máquina de baixa potência (aproximadamente 4 hp) que consumia carvão a altas taxas e tinha rendimento de menos de 2%. A máquina era usada originalmente para bombear água de minas de carvão. A máquina de Newcomen, além de enorme, precisava de um homem para operar suas válvulas. Os ciclos eram espaçados no tempo.

James Watt (1736–1839) melhorou o sistema no início do século XIX, isolando termicamente o cilindro e introduzindo um condensador externo que resfriava o vapor, alimentando-o de volta para o cilindro. O rendimento da máquina aumentou para cerca de 5%. À medida que as máquinas continuaram a melhorar e o seu rendimento aumentou, passou a ser possível operá-las longe das minas de carvão (Figura 3.2).

Em determinado momento, os engenheiros adicionaram reguladores de velocidade aos motores a vapor e a indústria têxtil começou a usá-los em larga escala.

Essas melhorias no rendimento dos motores a vapor levaram Sadi Carnot a investigar, a partir de 1824, se haveria um limite teórico para o rendimento das máquinas térmicas, ou seja, para a conversão da expansão dos gases em trabalho mecânico.

O que Carnot demonstrou é que ao transferir calor de uma fonte de alta temperatura para um reservatório de temperatura menor

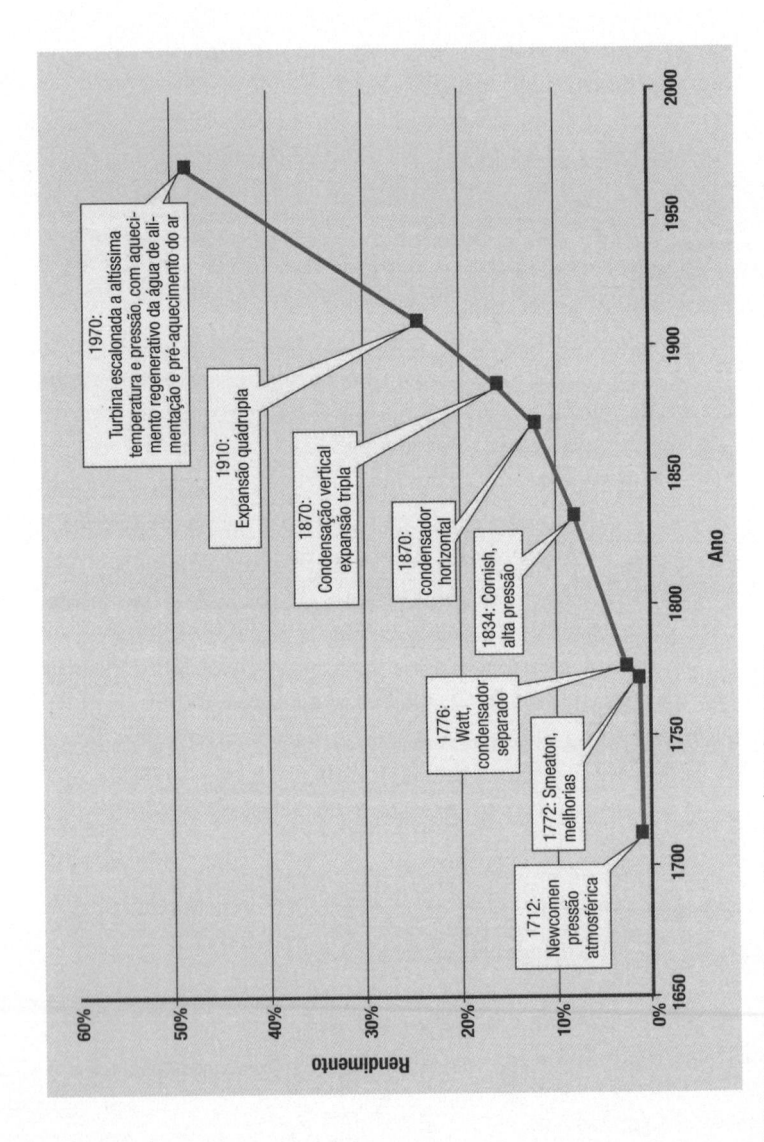

FIGURA 3.2 Evolução do rendimento do motor a vapor.

- 1712: Newcomen pressão atmosférica
- 1772: Smeaton, melhorias
- 1776: Watt, condensador separado
- 1834: Cornish, alta pressão
- 1870: condensador horizontal
- 1870: Condensação vertical expansão tripla
- 1910: Expansão quádrupla
- 1970: Turbina escalonada a altíssima temperatura e pressão, com aquecimento regenerativo da água de alimentação e pré-aquecimento do ar

para produzir trabalho, nunca se atinge rendimento de 100%, ou seja, algum calor sempre se dissipa. Por exemplo, Carnot mostrou que se a temperatura inicial é de 177 °C e a final é de 27 °C, o rendimento é de 0,25. Em outras palavras, apenas 25% do trabalho é realizado, e os 75% restantes se perdem em calor de baixa temperatura e mais uma pequena fração em atrito. O rendimento da conversão é maior quando a temperatura inicial (T0) é muito maior do que a temperatura final (T).

É impossível converter completamente a energia em trabalho.

Esta é outra maneira de enunciar a segunda lei da termodinâmica: os eventos que ocorrem na natureza possuem uma direção temporal. O calor dos corpos de alta temperatura pode fluir para os de baixa temperatura, mas o contrário não acontece. Os eventos térmicos não são reversíveis, enquanto os mecânicos são.

Mais recentemente, foram desenvolvidos outros sistemas, mais eficientes, como turbinas, motores de combustão interna (como a máquina de Otto e o motor Diesel), turbinas a jato, reatores e foguetes. Os motores a vapor originais tinham rendimento máximo de 5%, mas, com o passar do tempo e a introdução de melhorias técnicas, seu rendimento chegou a aproximadamente 50%. As máquinas térmicas modernas, como as turbinas a gás, operam a temperaturas na ordem de 1.000 °C e, logo, são altamente eficientes.

O que é um diagrama de Sankey?

Um diagrama de Sankey é um tipo de fluxograma usado para visualizar energia, materiais, transferências de custo e até o movimento de tropas em batalha. A largura das setas é proporcional à quantidade de fluxo.

Uma representação gráfica do que acontece em uma máquina térmica pode ser criada usando um diagrama de Sankey (Figura 3.3).

Os diagramas de Sankey levam esse nome em homenagem a Matthew Henry Phineas Riall Sankey, capitão irlandês considerado o primeiro a utilizar esse tipo de gráfico. Sankey usou o diagrama

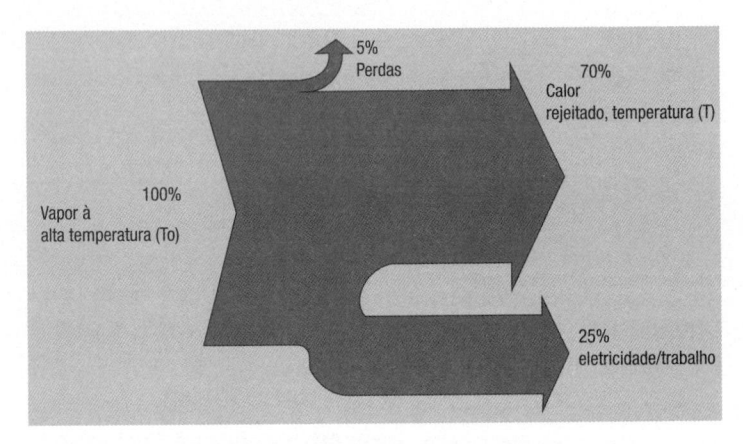

FIGURA 3.3 Diagrama de Sankey da conversão do calor em trabalho.

em 1898, em uma publicação sobre a eficiência energética de um motor a vapor.

Hoje os diagramas são muito utilizados para visualizar fluxos de energia de fontes primárias, sua conversão para eletricidade e calor, então até os usos finais. A Figura 3.4 mostra uma versão simplificada da matriz energética dos Estados Unidos.

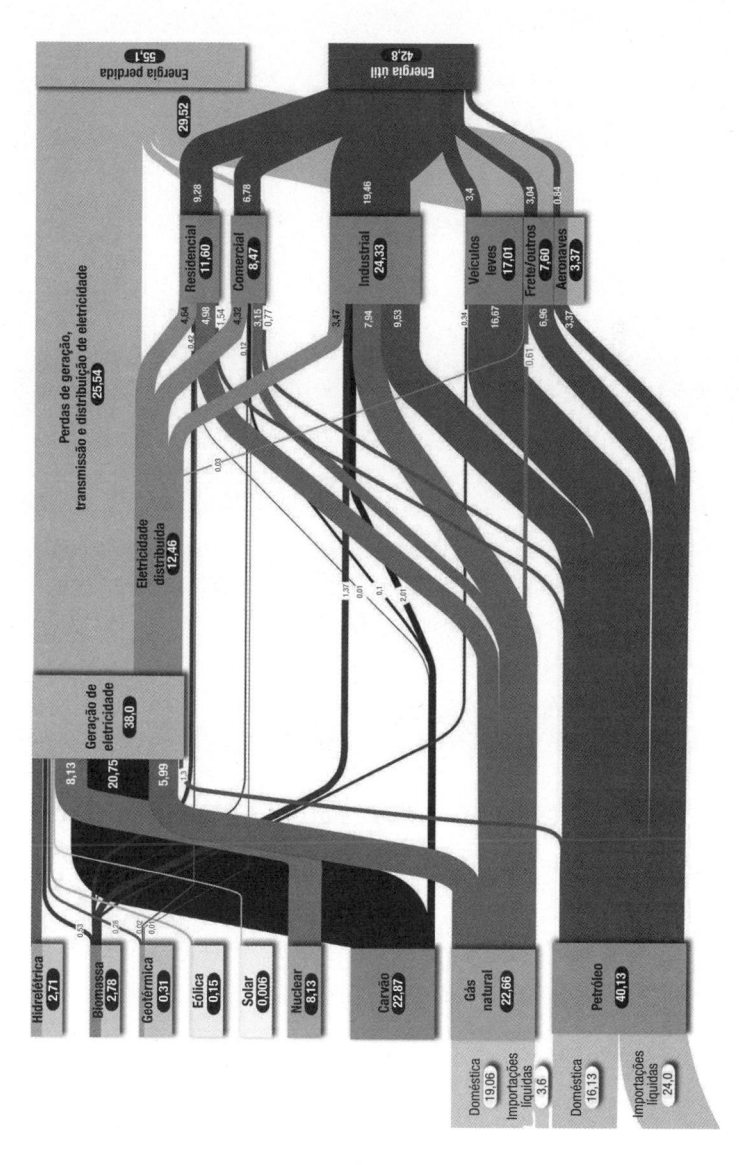

FIGURA 3.4 Diagrama de Sankey do sistema energético americano.

4

Combustíveis fósseis

O que são combustíveis fósseis?

Os combustíveis fósseis (carvão, petróleo, gás natural e seus derivados) respondem por aproximadamente 85% das necessidades energéticas primárias do mundo na atualidade. O uso desses combustíveis move as economias industrializadas e se tornou parte essencial das atividades produtivas e da vida cotidiana no mundo moderno.

A base de recursos para gás, petróleo e o carvão costuma ser dividida em dois componentes:

- *Reservas*, que refletem a quantidade existente de cada combustível com nível razoável de certeza. A medição das reservas baseia-se nos dados geológicos e de engenharia disponíveis sobre reservatórios conhecidos e as condições econômicas e operacionais atuais. A vida das reservas provadas (em anos) é calculada pela divisão da quantidade de reservas pelo consumo anual corrente.
- *Recursos*, que refletem fontes jamais acessadas de petróleo, gás e carvão e poderiam estender a vida das reservas por um fator de 5-10. A extração desses recursos exige tecnologias avançadas, tem custos mais elevados e, possivelmente, graves problemas ambientais.

Entre 1869 e 2006, metade das reservas provadas de petróleo foram consumidas, além de um terço das reservas de gás natural e cerca de um quarto das reservas de carvão.

O que sabemos sobre o carvão?

O carvão (ou carvão mineral) é o nome genérico dado a um material produzido quando plantas terrestres, tendo sido depositadas no subterrâneo 1 milhão de anos antes, sofrem processos químicos e geológicos que dão origem a turfa, lignito, carvão betuminoso e antracito. A fração de carbono encontrado nessa cadeia de materiais aumenta gradualmente, da madeira (49,65%), para o turfe (55–44%), lignito (72,95%), carvão betuminoso (84,24%) e antracito (93,50%). O conteúdo de calor desses diversos tipos de combustível aumenta em proporção ao conteúdo de carbono, de 4,0–4,5 kcal/kg no turfe para 7,8–9,1 kcal/kg no antracito.

O carvão normalmente possui muitas impurezas, como areia, cinzas e enxofre, que podem chegar a vários pontos percentuais. Essas impurezas reduzem a quantidade de carbono por quilograma de carvão e dão origem a poluentes.

As reservas de carvão são particularmente grandes na América do Norte (29,8%), Europa e Eurásia (33,0%) e Ásia-Pacífico (31,4%), com quantidades menores em outras regiões do mundo. As reservas totais em 2009 eram de 826 bilhões de toneladas. Com produção anual de 3,41 bilhões de toneladas, essas reservas poderiam durar 251 anos.

A produção de eletricidade mundial é bastante dependente do carvão, que representa 38,3% da produção total (enquanto o gás representa 18,1%, nuclear 17%, hidrelétrica 16,5%, derivados do petróleo 7,5% e biomassa 1,1%).

Em 2008, havia 216 gigawatts (bilhões de watts) de termelétricas a carvão em construção no mundo, dos quais 112 gigawatts estavam na China.

O que sabemos sobre o petróleo?

O petróleo é composto de hidrocarbonetos líquidos e encontra-se em depósitos formados por animais oceânicos e materiais orgânicos durante milhões de anos. Quimicamente, o petróleo se origina da oxidação de carboidratos (ou seja, a matéria orgânica da qual é produzido). Normalmente, o petróleo encontrado na natureza consiste em 95–98% hidrocarbonetos, com impurezas de enxofre que podem chegar a 5%. Tendo sofrido uma longa evolução, o petróleo em geral é encontrado em areias ou em armadilhas nas formações geológicas das quais é extraído.

O petróleo é uma mistura de hidrocarbonetos, parafinas, naftenos e aromáticos, todos os quais têm diferentes pontos de ebulição. Portanto, quando aquecemos o petróleo, os produtos com pontos de ebulição menores evaporam primeiro. O processo é chamado de destilação e ocorre nas refinarias de petróleo. A destilação do petróleo permite a separação dos diferentes componentes, desde os mais pesados (óleo combustível) até o óleo diesel, querosene e gasolina. O processo não pode alterar a fração de cada um desses componentes, mas métodos mais sofisticados podem reduzir os produtos mais pesados, como o óleo diesel, aos mais leves, como a gasolina. Dá-se a esse processo o nome de "craqueamento".

O petróleo foi descoberto em muitos países, mas as reservas estão, em boa parte deles, esgotadas ou próximas do fim. A maior parte das reservas remanescentes se encontra no Oriente Médio (que tem 56,6% das reservas mundiais); já a América do Norte tem 5,50% das reservas, as Américas do Sul e Central têm 14,9%, a Europa e Eurásia têm 10,3%, a África tem 9,6% e a Ásia-Pacífico tem 23,2%.

Em 2006, as reservas de petróleo remanescentes eram estimadas em 1,03 trilhão de barris, consumidas a uma taxa de 70 milhões de barris por dia (25,5 bilhões de barris ao ano). A essa velocidade de consumo, as reservas existentes não devem durar mais de 41 anos.

Esses números se referem às reservas de petróleo extraídas com as tecnologias atuais (ou petróleo "convencional"). Também existem reservas muito maiores de petróleo "não convencional" (ou petróleo pesado) nas areias betuminosas de Alberta, no Canadá. Além disso, o petróleo *offshore* poderia estender a duração das reservas atuais por, no mínimo, mais algumas décadas.

O que é petróleo abiótico?

Há uma teoria alternativa sobre a formação de depósitos de petróleo e gás natural. De acordo com essa teoria, o petróleo não é um combustível fóssil, formado nas profundezas da crosta terrestre a partir de materiais inorgânicos. A teoria defende que a formação de depósitos de petróleo exige altas pressões, encontradas apenas no manto inferior, e que o conteúdo de hidrocarboneto dos sedimentos não contém material orgânico suficiente para abastecer as enormes quantidades de petróleo encontradas nos grandes campos de petróleo.

A ideia de petróleo abiótico foi proposta originalmente na década de 1950 e expandida mais recentemente por Thomas Gold: o hidrogênio e o carbono, sob a alta temperatura e alta pressão do manto durante a formação da Terra, formaram moléculas de hidrocarboneto que vazaram gradualmente até a superfície terrestre por meio de rachaduras nas rochas. Além disso, os biomarcadores encontrados no petróleo foram produzidos pelo metabolismo das bactérias encontradas em ambientes extremos, semelhantes aos das fontes hidrotermais e vulcões onde antes acreditava-se que a vida era impossível. A grande maioria dos geólogos rejeita a teoria de Gold, considerada controversa devido à falta de evidências experimentais claras.

Como o preço do petróleo tem evoluído?

O preço do petróleo bruto se comporta como o de qualquer outra *commodity*, com grandes variações em períodos de escassez ou de oferta em excesso. Os preços também podem ser influenciados pelas disputas entre cartéis ou eventos políticos.

O petróleo era caríssimo quando começou a ser utilizado (em torno de US$ 70 por barril), mas o preço desabou devido à sua abundância e permaneceu abaixo de US$ 10 por barril durante quase um século. Em 5 de outubro de 1973, com o início da Guerra do Yom Kippur entre, de um lado, Israel, e do outro, Síria e Egito, a Opep (Organização dos Países Exportadores de Petróleo), cujos membros incluem Irã, Iraque, Kuwait, Arábia Saudita, Venezuela,

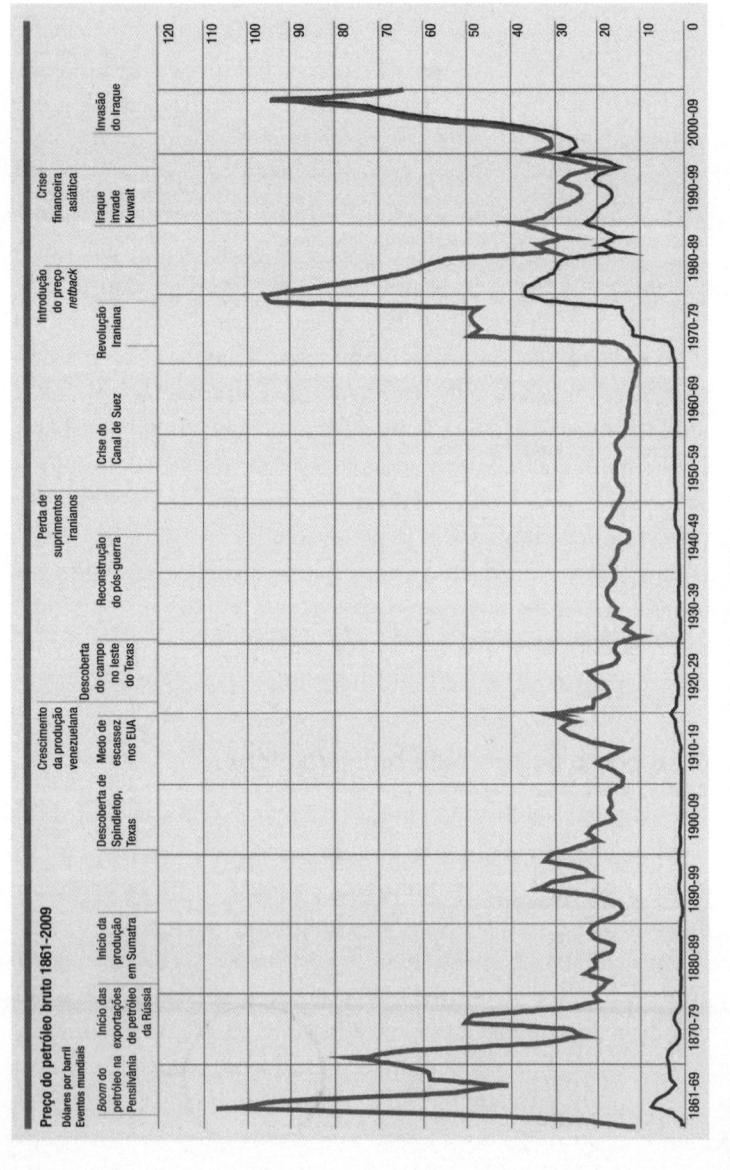

FIGURA 4.1 A evolução do preço do petróleo. ■ $ de 2009 ■ $ da época

Qatar, Indonésia, Líbia, Emirados Árabes Unidos, Argélia e Nigéria, impôs um embargo às exportações de petróleo para os países que apoiavam Israel. O resultado foi que o preço do petróleo aumentou 400% em seis meses. A situação se agravou em 1979, em decorrência de eventos no Irã e da sua guerra com o Iraque, que levou a outra rodada de aumentos no preço do petróleo bruto.

Os preços caíram drasticamente na década de 1980 e voltaram aos níveis históricos, mas mais recentemente aumentaram para quase US$ 100 por barril devido à turbulência no Oriente Médio, especialmente no Iraque e na Líbia (as principais fontes de petróleo para EUA, Europa e Japão). A Figura 4.1 traça a evolução do preço do petróleo em dólares nominais e dólares constantes de 2009.

O que sabemos sobre o gás natural?

Assim como o petróleo, o gás natural fica aprisionado em formações rochosas porosas subterrâneas, predominantemente compostas de arenito. Seu principal componente combustível é o metano (CH_4). Outros componentes do gás natural relevantes para a energia incluem o butano, o etano e o propano. O gás natural também contém pequenas quantidades de componentes não combustíveis, incluindo nitrogênio, dióxido de carbono e sulfureto de hidrogênio.

O gás natural comercial geralmente é derivado de plantas terrestres e de matéria orgânica marinha, em geral combinado com petróleo. Ao longo do tempo geológico, quase todo gás natural migra através da crosta terrestre e acaba por vazar para a atmosfera. Com frequência, essa migração é bloqueada por formações geológicas, o que dá origem a reservatórios nos quais grandes quantidades de gás ficam aprisionadas.

O gás que não pode ser extraído com as tecnologias de produção convencionais é chamado de "gás não convencional". Os principais tipos de gás não convencional são o gás de xisto e os hidratos de gás.

O hidrato de gás é uma substância cristalina sólida, composta de água e gás natural (principalmente metano), no qual as moléculas de água formam uma estrutura em jaula em torno das moléculas de gás. A estrutura em jaula da molécula de hidrato concentra o gás componente de forma que um metro cúbico de hidrato de gás rende aproximadamente 160 metros cúbicos de gás. O hidrato de gás se forma sob condições de pressão moderadamente alta e temperatura moderadamente baixa e é encontrado com frequência nos sedimentos marinhos das margens continentais externas e nos sedimentos em regiões polares.

As reservas de gás natural convencional, de acordo com as avaliações de diversas organizações entre 2007 e 2009, ficam em torno de 187,5 trilhões de metros cúbicos (Tcm) (ou mil bilhões de metros cúbicos). A produção em 2009 foi de 3,0 Tcm. À essa taxa de produção, as reservas devem durar 62,5 anos. As principais reservas se encontram no Oriente Médio (40,6%), Europa e Eurásia (40,6%), Ásia-Pacífico (8,7%), África (7,9%), América do Norte (4,9%) e América do Sul e Central (4,3%).

O xisto é uma rocha sedimentar composta de argila, quartzo e outros materiais. É uma das formações rochosas mais frequentes em todo o mundo. Contudo, a maior parte do xisto não tem permeabilidade suficiente para permitir o fluxo significativo de fluidos e, logo, não é uma fonte apropriada de gás natural. O *boom* do gás de xisto recente na América do Norte é o resultado de avanços tecnológicos na criação de fraturas artificiais extensas em torno de poços horizontais (em vez de verticais). Em apenas 10 anos, a participação do gás de xisto no suprimento americano aumentou de 0,3 Tcm em 1996 para 2 Tcm em 2008. A tecnologia usada nesse caso envolve o fraturamento hidráulico do reservatório de xisto para permitir que o gás aprisionado na rocha escape.

Quanto se espera que durem as reservas e os recursos de combustíveis fósseis?

A Tabela 4.1 resume a situação, em 2006, do consumo de reservas comprovadas de combustíveis fósseis, definidas como a concentração de material sólido, líquido ou gasoso que ocorre naturalmente na ou

TABELA 4.1 Reservas e consumo de combustíveis fósseis

	Reservas provadas (EJ) fim de 2006	Consumo (EJ)		Vida das reservas provadas (anos) à taxa de consumo atual
		1860–2006	2006	
Petróleo	6.888	6.380	164	41
Gás natural	7.014	3.163	109	63
Carvão	19.404	6.867	130	147

Obs.: $1 EJ = 0,15 \times 10^9$ barris

sob a crosta terrestre em formas cuja extração econômica é potencialmente viável. A Tabela também mostra o consumo anual presente e a vida das reservas comprovadas em anos. Recursos não convencionais poderiam estender a vida do petróleo, do gás e do carvão por um fator de 5–10, mas sua extração envolverá tecnologias avançadas, maiores custos e, possivelmente, graves problemas ambientais.

Quão irregular é a distribuição das reservas de combustíveis fósseis?

As reservas de petróleo e gás natural se concentram principalmente no Oriente Médio: 56,6% do petróleo e 40,6% do gás, como mostra a Tabela 4.2. As reservas de carvão, por outro lado, têm distribuição mais igualitária: 29,8% na América do Norte, 33% na Europa e Eurásia e 31,4% na Ásia-Pacífico. O carvão praticamente não está presente no Oriente Médio.

TABELA 4.2 Reservas de combustíveis fósseis em diferentes regiões do mundo (em porcentagens)

	Petróleo	**Gás**	**Carvão**
América do Norte	5,5	4,9	29,8
Américas do Sul e Central	14,9	4,3	1,8
Europa e Eurásia	10,3	33,7	33,0
Oriente Médio	56,6	40,6	0,1
África	9,6	7,9	3,9
Ásia-Pacífico	3,2	8,7	31,4

5
Energias renováveis

O que são energias renováveis?

As energias renováveis são, por definição, formas de energia que não podem ser esgotadas, como é o caso dos combustíveis fósseis. Todas as energias renováveis se originam do Sol e durarão tanto quanto o próprio Sol. A maioria delas, como a eólica, maremotriz, termossolar e biomassa, se originam da radiação incidente na Terra. A energia das marés se deve à atração gravitacional entre a Terra, o Sol e a Lua, e a energia geotérmica tem origem do centro do planeta, que ainda não resfriou.

O que é biomassa?

Biomassa é o nome genérico dado a materiais gerados por organismos vivos, como madeira, carvão vegetal e resíduos orgânicos da agricultura e dos animais, todos os quais podem ser utilizados como fontes de energia. Cerca de 45% da matéria de biomassa, em termos de peso, são compostos de carbono, geralmente na forma de carboidratos (carbono, hidrogênio e oxigênio). É um material abundante e, até meados do século XIX, era a forma dominante de energia utilizada pelos seres humanos para aquecimento doméstico, para cozinhar e como fonte de calor em processos industriais. É um recurso de energia renovável, como todas as energias originárias do Sol.

A biomassa é produzida continuamente por meio da fotossíntese, e estima-se que 200 bilhões de toneladas secas de biomassa sejam geradas anualmente. Apenas uma pequena fração desse montante é usada para fins energéticos.

Em muitos países em desenvolvimento, a biomassa continua a ser usada principalmente na cozinha, em fogões extremamente ineficientes e primitivos. Ainda assim, cerca de 6% de toda a energia consumida no mundo é usada para esse propósito, gerando problemas de saúde decorrentes da fuligem produzida pela combustão ineficiente.

O problema básico do uso de madeira como combustível para cozinhar é o baixo rendimento, geralmente de menos de 10%. É o caso do fogão de três pedras, muito comum entre a população de baixa renda nos países em desenvolvimento. Embora a energia produzida seja barata, esses fogões são altamente poluentes e tendem a causar acidentes. Pequenas melhorias em fogões primitivos são baratas e podem aumentar consideravelmente o seu rendimento. O primeiro passo nesse sentido seria projetar um sistema melhor, com menor consumo de madeira, carvão vegetal, esterco, resíduos agrícolas ou querosene. Fogões metálicos ou fogões com isolamento térmico também são até 25% mais eficientes.

Diversos programas na África, Ásia e América Central foram bem-sucedidos na disseminação de fogões mais eficientes nas zonas rurais e na periferia das cidades, ou em áreas mais pobres, utilizando-se de subsídios e financiamentos.

Também é possível melhorar o rendimento dos fogões determinado o uso do gás liquefeito de petróleo (GLP), ou propano, como sua fonte de combustível. Essa transição levaria a uma redução drástica da poluição: um fogão a gás emite 50 vezes menos poluentes e é cinco vezes mais eficiente do que um fogão primitivo.

A modernização do uso de biomassa é um dos grandes desafios que enfrentamos, e já existem diversos métodos para isso, tanto biológicos quanto não biológicos.

Os processos não biológicos incluem a combustão direta de madeira para a produção de calor e eletricidade. Outros processos sugerem o uso de carvão vegetal para cozinhar e na siderurgia e a gaseificação de materiais baseados em carbono para a produção de gás sintético, metanol ou outros produtos.

Os principais processos biológicos são:

- Digestão anaeróbica de materiais biodegradáveis para a produção de metano, que pode ser realizada em pequena escala, em biodigestores domésticos, ou em grande escala, em aterros sanitários ou estações de tratamento de efluentes líquidos urbanos.
- Fermentação de açúcares (principalmente da cana-de-açúcar) para a produção de etanol, usado para substituir a gasolina nos automóveis.
- Sacarificação (por hidrólise enzimática de materiais celulósicos, como plantas), seguida pela fermentação do açúcar. A celulose é composta de longas cadeias de açúcares.

Aumentos recentes no uso de biomassa moderna foram observados em diversos países europeus, especialmente Alemanha, Áustria, Dinamarca, Hungria, Holanda, Reino Unido e Suécia, e em alguns países em desenvolvimento. Estima-se a capacidade instalada de biomassa era de 56 GW no final de 2009.

O que são usinas hidroelétricas?

As grandes represas normalmente são definidas como aquelas com altura de 15 metros ou mais, a partir da base. Reservas com altura entre 5 metros e 15 metros e volume do reservatório de mais de 3 milhões de metros cúbicos também são classificadas como grandes represas.

Pequenas usinas hidrelétricas (mini-hidrelétricas) geralmente geram entre 1 e 30 megawatts e têm áreas de inundação menores do que 13 quilômetros quadrados.

Há mais de 45.000 grandes represas no mundo, e elas têm um papel importante em ajudar comunidades e economias a utilizar recursos hídricos para a produção de alimentos, geração de energia, controle de enchentes e uso doméstico. As estimativas atuais sugerem que entre 30% e 40% das áreas irrigadas mundiais hoje dependam de represas, e que as represas geram 16,5% da eletricidade mundial.

Entre as décadas de 1930 e 1970, a construção de grandes represas tornou-se, aos olhos de muitos, sinônimo de desenvolvimento e progresso econômico, e elas eram vistas como símbolos de modernização. Assim, sua construção se acelerou significativamente. Essa tendência teve seu apogeu na década de 1970, quando, em média, duas ou três grandes represas eram inauguradas por dia em algum lugar do mundo.

As usinas hidrelétricas geralmente utilizam reservatórios para equalizar os fluxos de água que acionam a turbina geradora de eletricidade. A água fica armazenada pela represa para regulação sazonal, anual e, em alguns casos, multianual do rio. O ideal é que as represas sejam construídas em desfiladeiros estreitos, com grande profundidade e área de inundação relativamente pequena. Os exemplos incluem a Represa Hoover, próxima ao Grand Canyon (que acelerou o crescimento de Las Vegas) e as represas construídas próximas aos Alpes. Como os locais que oferecem condições ideais para a construção de represas são raros, em muitos casos são construídas represas de menor altura e maior comprimento, inundando vastas extensões superficiais. As barragens a fio d'água muitas vezes não têm reservatórios de armazenamento e operam com geradores elétricos encapsulados, ou turbinas bulbo.

As grandes represas exigem investimentos financeiros significativos. Estimativas sugerem que, mundialmente, ao menos US$ 2 trilhões foram investidos na construção de grandes represas ao longo do século passado. Durante a década de 1990, estima-se que entre US$ 32 bilhões e US$ 46 bilhões tenham sido gastos anualmente com grandes represas, quatro quintos dos quais nos países em desenvolvimento. Dos US$ 22–31 bilhões investidos em represas todos os anos nos países em desenvolvimento, cerca de quatro quintos foram financiados diretamente pelo setor público. É consenso que os benefícios imediatos das grandes represas, incluindo considerações sobre segurança alimentar, empregos e capacitação profissional na região, eletrificação rural e a expansão da infraestrutura física e social, como as estradas, justificam os enormes investimentos realizados.

Atualmente, há aproximadamente 1000 GW de energia hidrelétrica em operação e mais de 150 GW em construção. O potencial teórico para a geração de hidroeletricidade é cinco vezes maior.

O que é energia eólica?

O vento é usado desde a antiguidade remota para a navegação com o uso de velas, mas também servia para moer cereais no século VII. No século XVII, os moinhos de vento se popularizaram na Europa e, em torno do ano de 1750, havia entre 6 mil e 8 mil moinhos em operação na Holanda, com potência típica de 7,5 kW. No início do século XX, esses moinhos eram utilizados para elevação de água, irrigação e geração de eletricidade. Em sistemas isolados, são necessárias baterias para armazenar a eletricidade quando o vento é insuficiente.

A quantidade de energia obtida com um moinho de vento aumenta rapidamente com a velocidade do vento. Normalmente, a velocidade do vento varia entre 3 m/s e 10 m/s, ou seja, entre 10 km/h e 36 km/h. Ao contrário do que afirma o senso comum, a velocidade média do vento é regular e as flutuações não desviam mais de 10% a 15% da velocidade média durante o ano. Se a velocidade do vento é de 6 m/s, é possível gerar aproximadamente 140 W/m^2

As turbinas eólicas modernas são máquinas enormes, com pás de mais de 80 m de comprimento, e geram aproximadamente 5 MW. A capacidade instalada mundial de turbinas eólicas para a produção de eletricidade no final de 2010 era de 198 GW.

A instalação de turbinas eólicas por vezes encontra resistência por parte da comunidade em razão de problemas ambientais, como ruído ou degradação da paisagem. Para contornar essa situação, muitas turbinas são instaladas *offshore*, distantes das zonas populadas.

O que são painéis fotovoltaicos?

As células fotovoltaicas (FV), descobertas em 1954 por pesquisadores da Bell Laboratories, convertem energia solar diretamente em eletricidade. A radiação solar incidente (ou fótons) desloca os elétrons livres do material semicondutor; quando os elétrons deixam suas posições, o desequilíbrio das cargas elétricas na parte traseira e dianteira das células gera uma diferença de potencial, que, por sua vez, produz uma corrente elétrica. É o que acontece nas baterias de chumbo-ácido convencionais. Para visualizar o processo, imagine uma garagem com dois níveis, tão completamente cheia de carros que nenhum consegue se mover. Se levamos um dos carros para um andar superior, os carros restantes no andar inferior conseguem se mover. O movimento dos carros é a analogia para uma corrente elétrica. Um módulo fotovoltaico é composto de painéis de células, cada um com 1 cm a 10 cm de largura e produzindo 1 W a 2 W. A corrente gerada é contínua, ideal para pequenos eletrodomésticos, mas pode ser convertida para corrente alternada, para equipamentos maiores.

Historicamente, a energia fotovoltaica era utilizada em aplicações específicas, como comunidades isoladas, equipamentos eletrônicos (calculadoras, relógios e tecnologia de comunicação), satélites, sensoriamento remoto e iluminação de sinalização em estradas. O problema das aplicações de nicho é que elas são realizadas em pequena escala e a um alto custo. É preciso produção em larga escala para reduzir os custos. Em locais com alta insolação, seria possível produzir 5.000 kWh de energia por dia em um hectare de terra coberto com fotocélulas com rendimento de 10%. Algumas células comerciais têm rendimento de 15%. A instalação de painéis FV está crescendo rapidamente e o seu potencial de geração de energia é promissor. Uma ideia é que a energia gerada por telhas solares nos edifícios possa "alimentar" (*feed-in*) a rede elétrica. Os painéis FV podem ser uma das principais tecnologias dos sistemas energéticos descentralizados do futuro.

No final de 2010, havia 40 GW de sistemas FV instalados. A Alemanha é a líder de mercado, à frente do Japão e dos EUA. No passado, o Japão liderava a tecnologia de módulos FV, concentrando-se no nicho de mercado dos produtos eletrônicos (como calculadoras e relógios). A indústria norte-americana tradicionalmente se concentra em aplicações de larga escala. Outros fornecedores importantes incluem China, Espanha e Itália. Os fatores limitantes da energia fotovoltaica são o custo, a quantidade limitada de energia produzida por unidade e a falta de silício disponível no mercado. A fabricação de painéis fotovoltaicos exige grandes quantidades de silício policristalino e hoje há um gargalo no mercado, o que limita a expansão da tecnologia. Cada Wp (watt-pico) consome 14 g de silício. Ainda assim, o custo instalado atual dos sistemas fotovoltaicos ligados à rede é de menos de US$ 2.000/kW.

Em áreas rurais remotas, que não podem ser conectadas à rede elétrica, os módulos FV são usados em conjunto com baterias, controladores de carga e inversores. Apesar de pouca, a energia produzida é suficiente para refrigerar medicamentos; preservar alimentos e produtos da pesca; iluminar casas, escolas e centros médicos; extrair e bombear água de poços; e apoiar a comunicação e o entretenimento. O descarte de baterias e painéis é um problema, pois os dispositivos contêm chumbo e outros metais pesados perigosos, como o cádmio. Outro problema grave é a falta de manutenção, que ocorre frequentemente em projetos de demonstração focados apenas na instalação de um sistema, sem assistência técnica adequada ou peças de reposição.

O que é energia termossolar?

O equipamento solar para aquecimento de água geralmente é passivo. Nesse processo, a luz solar é absorvida por um painel no alto do reservatório de edifício, através do qual a água circula. A água aquecida é então armazenada e distribuída. Os coletores são painéis cobertos de vidro, sob os quais a água circula em tubos metálicos. Com frequência, um sistema auxiliar elétrico ou a gás é responsável pelo aquecimento da água no reservatório quando esta então cai abaixo de 50°C; o que pode ocorrer em períodos de pouco Sol, quando está nublado, ou durante o inverno.

A energia solar é usada há muitos anos para aquecimento de água. Países como Israel e cidades como Barcelona, na Espanha, contam com programas de incentivo e leis que obrigam a instalação de painéis, capazes de substituir de modo eficiente os combustíveis fósseis e a madeira no abastecimento de aquecedores. Em regiões de clima quente, o aquecimento solar pode atender a cerca de 75% da demanda por aquecimento de água. No clima frio da Europa, essa proporção cai para cerca de 20% ou até menos. A China conseguiu popularizar um sistema de aquecimento de água termossolar de baixo custo, mais barato do que nos países ocidentais: US$ 120 a US$ 150/m^2 *versus* US$ 700 a US$ 800/m^2 na Europa. Na China, havia mais de 30 milhões de usuários de aquecedores térmicos em 2006.

O que é termeletricidade solar?

Nessa tecnologia, a luz solar é focada em um coletor para aquecer um fluido a algumas centenas de graus Celsius, o que produz vapor para geração de eletricidade. A tecnologia mais popular desse tipo usa espelhos parabólicos, que são grandes espelhos cujo formato faz com que concentrem os raios solares incidentes em um tubo posicionado no centro das superfícies curvas, dentro do qual o fluido circulante é aquecido. Os projetos existentes ainda são marginalmente competitivos, e é preciso realizar mais pesquisa e desenvolvimento nessa área. As usinas de energia em grande escala que utilizam espelhos parabólicos operam na Califórnia (com potência de 350 MW). A Espanha pretende dar início à operação de duas unidades em breve, totalizando 100 MW, e tem mais de 1.000 MW em fase de finalização do projeto.

O que é energia das ondas?

A oscilação da superfície marítima, causada pelos ventos, pode ser usada para acionar dispositivos mecânicos que geram eletricidade. A energia obtida é potencialmente muito grande (2,5 milhões de MW), mas a tecnologia necessária para isso ainda é incipiente. O principal motivo é a baixa densidade de energia: se o comprimento típico das ondas oceânicas é de 60 m e sua altura máxima é de 3 m, a potência máxima que pode ser obtida é de 36 W/m ao longo da linha costeira. Para gerar 1.000 kW, seriam precisos dispositivos com 30 km de comprimento. O custo de capturar essa energia é, hoje, proibitivo.

O que é energia das marés?

A atração gravitacional do sistema Terra-Lua produz as marés, ou seja, a subida e descida do nível do mar, duas vezes a cada 24 h. Em geral, a elevação é pequena (cerca de 1 m), mas, ocasionalmente, dependendo da geografia da área costeira, pode haver aumentos maiores em baías e estuários.

O exemplo mais espetacular desses fenômenos ocorre na Baía de Fundy, na Nova Escócia, Canadá. Na entrada da baía, a maré se ergue 5 m, mas no final da baía atinge 13 m.

Esse movimento das grandes massas de água oceânica pode ser utilizado para gerar hidroeletricidade. Atualmente, o uso comercial mais importante da energia das marés ocorre em La Rance, França, onde a baía tem área de 22 km^2 e produz aproximadamente 250 MW de hidroeletricidade.

Estima-se que o potencial mundial de produção de eletricidade das marés seja de 3 milhões de MW.

O que é energia geotérmica?

A energia geotérmica é a energia que se origina do núcleo da Terra. Como se sabe, quando perfuramos um poço, a temperatura aumenta aproximadamente 2 °C para cada 100 m de profundidade. Portanto, a uma profundidade de 10 km, a temperatura é de 200 °C e pode ser usada para produzir vapor e, logo, gerar eletricidade. Contudo, existem "pontos quentes", ou gêiseres, próximos a regiões vulcânicas, onde a água quente ou o vapor d'água são produzidos naturalmente na superfície terrestre, sob alta pressão e temperatura, o que facilita a geração de eletricidade. A primeira usina de energia geotérmica foi instalada em Larderello, na Itália, em 1904, e começou a produzir 250 MW em 1912.

A capacidade instalada mundial de energia geotérmica no final de 2009 era de 86 GW de eletricidade e 49 GWh térmica. A eletricidade gerada somava 47,5 TWh.

Qual é o potencial das energias renováveis?

O potencial teórico das energias renováveis é enorme, de aproximadamente 5 milhões de EJ/ano, ou quase 10.000 vezes mais do que o consumo atual de 500 EJ/ano. Contudo, há dificuldades na conversão desse potencial para uma forma utilizável, de modo que o potencial técnico é muito menor do que o potencial teórico, embora ainda considerável. Por outro lado, a quantidade de energia renovável em uso ainda é pequena, como indica a Tabela 5.1. Ela soma 62 EJ/ano, quase toda na forma de biomassa. Ou seja, há oportunidades enormes para aumentar o uso de formas renováveis de energia.

Quanta terra é necessária para produzir energia renovável?

Há quem se preocupe com a área necessária para produzir grandes quantidades de energia renovável em comparação com aquela necessária para produzir combustíveis fósseis, que têm altíssima densidade de energia. É possível produzir aproximadamente 3 kWh

TABELA 5.1 Produção de energia renovável, potencial técnico e potencial teórico

	Potencial técnico (EJ/ano)	Potencial teórico (EJ/ano)	Produção (EJ/ano)
Solar	62.000–280.000	3.900.000	0,49
Eólica	1.250–2.250	110.000	0,98
Hidrelétrica	53–57	160	11,23
Biomassa	160–270	1.330	50,3
Geotérmica	810–1.545	1.500	0,49
Oceânica	3.200–10.500	1.000.000	0,01

por quilograma de combustível fóssil, que caberia em uma pequena caixa cúbica com 10 cm em cada lado. Para gerar a mesma quantidade de eletricidade usando painéis fotovoltaicos, normalmente seria preciso 50 m^2 de superfície durante o dia inteiro. As necessidades de área para as energias renováveis são, portanto, muito grandes, o que poderia levar a limitações de espaço.

A produção de energia de biomassa também exige bastante espaço, pois a fotossíntese é um processo de conversão de energia ineficiente por natureza. Mesmo com o cultivo intensivo de árvores de crescimento rápido, uma usina de energia por combustão de madeira não teria densidades de energia de mais de 0,6 W/m $_2$. A demanda de espaço dessas instalações seria, então de duas a três ordens de magnitude maior (100 a 1.000 vezes maior) do que a da geração de energia por combustão de carvão ou de gás natural.

As usinas fotovoltaicas podem gerar eletricidade com densidades de energia muito maiores do que as estações à base da combustão de madeira. Converter radiação solar em nova biomassa tem rendimento máximo de 1%, enquanto até as células FV relativamente ineficientes têm rendimento de cerca de 5%, e as melhores instalações comerciais disponíveis atualmente superam os 10%. Levando apenas a área de uma célula FV em consideração, isso significa densidades de energia entre 10 W/m^2 e 20 W/m^2, em geral. Mas, quando incluímos todos os requisitos de espaço secundários, a amplitude da densidade típica diminui para 4 W/m^2 a 9 W/m^2, uma ordem de magnitude acima da geração por combustão de madeira, mas de uma a três ordens de magnitude menores (ou seja, exigindo de 10 a 1.000 vezes mais espaço) do que os modos tradicionais de produção de eletricidade com o uso de combustíveis fósseis.

As densidades da energia solar centralizada são ligeiramente maiores, com taxas que podem chegar entre 45 W/m^2 e 55 W/m^2 quando consideramos apenas a área dos coletores solares, mas com densidades gerais de energia (incluindo espaçamento, estradas de acesso e torres) da ordem de 10 W/m^2. Por fim, a geração de energia eólica tem densidade semelhante a das estações de combustão de madeira, ou ligeiramente maior, sendo que a maioria das novas instalações utiliza turbinas poderosas (1 MW a 6 MW) que ficam entre 0,5 W/m^2 e 1,5 W/m^2.

Apenas para as usinas de energia, essas densidades normalmente ultrapassam 2 kW/m^2 e podem atingir 5 kW/m^2. Quando todos os outros requisitos (mineração de carvão, armazenamento, controles ambientais, bacias de decantação) são incluídos, as densidades inevitavelmente diminuem e ficam em uma faixa uma ordem de magnitude que vai de 100 W/m^2 a 1.000 W/m^2 (1 kW/m^2).

As turbinas a gás compactas, por outro lado, que podem ser conectadas a sistemas de abastecimento de gás existentes, são capazes de gerar eletricidade com densidade de energia de até 15 kW/m^2. As estações maiores (mais de 100 MW), que usam os sistemas mais eficientes de ciclo combinado (com o escape da turbina a gás gerando vapor para uma turbina a vapor ligada a ela), operam com densidades de energia menores. Se novas capacidades de extração de gás natural precisam ser desenvolvidas para a sua operação, a densidade de energia da produção de gás e eletricidade diminui para uma amplitude semelhante à da geração termelétrica a carvão, ou ligeiramente menor, na maioria dos casos em uma faixa de 200 W/m^2 a 2.000 W/m^2 (Tabela 5.2).

A maior parte da área ocupada pelos grandes parques eólicos pode ser usada para a agricultura ou pecuária. Outros usos do solo ficam, no entanto, excluídos. Além disso, grandes áreas pontuadas por

TABELA 5.2 Densidade de energia típica de fontes de energia

Fonte de energia	Densidade de energia (W/m^2)	
	Baixa	Alta
Gás natural	200	2.000
Carvão	100	1.000
Solar (FV)	4	9
Solar (termossolar)	4	10
Eólica	0,5	1,5
Biomassa	0,5	0,6

turbinas eólicas exigiriam a construção e manutenção de estradas de acesso, assim como a criação de zonas-tampão impróprias para a habitação humana permanente. Por fim, em todos os casos de conversão de energia renovável, seria preciso uma extensa área de terra para garantir a passagem da eletricidade exportada de regiões ensolaradas e ventosas, ou de áreas apropriadas para a produção em escala maciça de biomassa, para as grandes áreas urbanas e industriais.

Qual é o potencial do maior uso de energias renováveis?

Atualmente, as novas energias renováveis (biomassa moderna, calor e eletricidade geotérmica, pequenas hidrelétricas, termossolar de baixa temperatura e eletricidade eólica) contribuem com aproximadamente 2% do total do suprimento de energia primária mundial.

Contudo, a produção de eletricidade por sistemas solares fotovoltaicos e turbinas eólicas ligadas à rede elétrica tem crescido a uma velocidade impressionante. Entre 1998 e 2008, a eletricidade eólica cresceu a uma taxa média de aproximadamente 30%, enquanto a energia fotovoltaica ligada à rede cresceu quase 40%, o bioetanol, 13%, e a produção de calor geotérmico, 20%. Mesmo assim, provavelmente levará décadas até que as novas energias renováveis representem uma parcela importante do uso de energia global total, já que hoje elas respondem por uma pequena porcentagem do uso total de energia. Ainda assim, alguns poucos países adotaram metas ambiciosas: a Alemanha, por exemplo, tem como meta 50% de energia renovável até 2050. Nos últimos anos, foram atingidas taxas de crescimento impressionantes para a energia geotérmica (na Islândia) e aquecimento termossolar (na China).

A significativa redução de custo das últimas décadas tornou diversas tecnologias de energia renovável competitivas com as tecnologias de combustíveis fósseis em algumas aplicações. Formas modernas e distribuídas de biomassa, em especial, têm o potencial de oferecer formas limpas de energia nas zonas rurais, com base no uso de recursos de biomassa tradicionalmente utilizados de formas ineficientes e poluentes. A biomassa pode ser produzida economicamente com impacto ambiental mínimo, ou até positivo, com o uso de culturas perenes. Seu uso está ajudando a criar mercados internacionais de bioenergia, estimulados por políticas para reduzir as emissões de dióxido de carbono. A energia eólica em regiões costeiras e outras regiões com bastante vento também é promissora no curto prazo. Outras opções potencialmente atraentes incluem a produção de eletricidade e calor de fontes geotérmicas, pequenas usinas hidrelétricas, produção de energia solar térmica de baixa temperatura e produção de eletricidade solar em aplicações remotas.

Reduções de custo substanciais são possíveis para a maioria das tecnologias de energia renovável. Tornar essas fontes competitivas exigirá mais avanços tecnológicos e sua implementação no mercado, além do aumento da capacidade produtiva para atingir larga escala.

Um aspecto negativo da energia renovável é que, ao contrário das fontes de energia hidrelétrica e geotérmica, as fontes eólicas e solares, térmicas ou elétricas, são intermitentes e não totalmente previsíveis. Ainda assim, podem ser importantes nas zonas rurais, onde a extensão da rede teria alto custo. Também podem contribuir para suprimentos de eletricidade conectados à rede em configurações apropriadas; a energia renovável intermitente pode fornecer, de forma confiável, entre 10% e 30% da eletricidade total em uma área coberta por uma rede de transmissão suficientemente forte, quando operada em conjunto com a energia hidrelétrica ou a geração de energia baseada em combustíveis. Possibilidades de armazenamento emergentes (como armazenamento de energia de ar comprimido) e novas estratégias para a operação de redes permitem imaginar que o papel das tecnologias intermitentes poderá ser ainda mais ampliado. Outra possibilidade é que o hidrogênio se torne o meio de armazenamento de formas de energia intermitentes.

Por serem de pequena escala e modulares, muitas tecnologias de energia renovável são boas opções para o corte de custos contínuo. As reduções de custo de bens manufaturados normalmente são rápidas no começo e desaceleram à medida que o setor amadurece.

6
Energia nuclear

O que é energia nuclear?

A energia nuclear não se baseia na energia mecânica (como a hidreletricidade) ou na energia química (como o uso de combustíveis fósseis). A energia nuclear é criada pela divisão dos núcleos de átomos de urânio. Essa divisão libera uma quantidade considerável de energia cinética em fragmentos radioativos, como o estrôncio (Sr) e o xenônio (Xe). O processo é chamado de "fissão nuclear" e resulta do bombardeio de átomos de urânio com projéteis adequados, tais como nêutrons. A fissão nuclear é acompanhada pela emissão de nêutrons ou prótons e por radiação, tais como raios X. Os fragmentos finais, chamados de lixo nuclear, são altamente radioativos, e representam um dos problemas mais graves gerados pelo uso desse tipo de energia.

Na fissão de um átomo de urânio por um nêutron, 2,5 outros nêutrons são produzidos, em média. Todos podem, por sua vez, produzir outras fissões, criando uma reação em cadeia que leva à fissão de uma enorme quantidade de outros átomos. Se isso for feito rapidamente, o resultado será uma explosão nuclear, isto é: a fissão de grande número de átomos de urânio em um espaço muito curto de tempo. Se o processo é desacelerado, grandes quantidades de calor são produzidas, enquanto a energia cinética dos fragmentos se dissipa. Em um reator nuclear, esse calor é removido e usado para ferver água; o vapor gerado é usado para produzir eletricidade, como ocorre nas usinas termelétricas que utilizam madeira, carvão ou gás natural.

TABELA 6.1 Comparação entre energia gerada de diferentes fontes

Combustível	Energia (kWh) gerada por 1 Kg de combustível	Quantidade necessária (toneladas por ano) para uma usina termelétrica de 1.000 Mwe
Madeira combustível	1	3.400.000
Carvão	3	2.700.000
Óleo combustível	4	2.000.000
Urânio	50.000	30

A energia liberada pela fissão nuclear é grande, se comparada com aquela produzida por esses combustíveis, motivo pelo qual é possível gerar grandes quantidades de eletricidade com pequenas porções de urânio. Por exemplo, "queimar" 1 kg de urânio em um reator nuclear pode produzir 50.000 kWh, enquanto 1 kg de carvão produz apenas 1 kWh (Tabela 6.1).

Do urânio encontrado na natureza, apenas 0,7% pode ser utilizado em um reator nuclear. Em outras palavras, apenas 7 de cada 1.000 átomos de urânio são "úteis" para a produção de energia. Por esse motivo, a preparação do combustível nuclear exige um "ciclo de combustível" complexo, que começa com a extração e purificação de sais de urânio, passa pela sua conversão para um gás e pelo "enriquecimento" do urânio para produzir o isótopo fissionável ^{235}U. Depois de preparadas, as varetas de urânio enriquecido compõem o núcleo dos reatores nucleares usados para produzir eletricidade.

O refrigerante nuclear extrai o calor gerado no processo de fissão, limitando o aumento de temperatura nos reatores. Ele também transfere o calor para a unidade de força, onde a eletricidade é gerada.

Existem basicamente dois tipos de reator nuclear: o reator de água fervente (BWR — *boiling water reactor*), que produz vapor dentro do reator, e o reator de água pressurizada (PWR — *pressured water reactor*), que pressuriza água quente (em vez de fervê--la), enquanto remove o calor.

Em 2010, havia 442 reatores no planeta, que produziam 14% da eletricidade mundial. Destes, 104 estavam nos Estados Unidos, 50 na França, 54 no Japão, 32 na Federação Russa, 21 na Coreia do Sul e 17 na Alemanha. Nos Estados Unidos, eles representavam 19% do total da eletricidade gerada; na França, aproximadamente 80%. Os reatores restantes estão instalados em países em desenvolvimento, principalmente na China e na Índia. A capacidade instalada total em nível global é praticamente a mesma das unidades geradoras de hidroeletricidade.

A porcentagem da eletricidade mundial produzida por energia nuclear tem diminuído nos últimos anos. O auge das novas conexões com a rede foi de 30 GW/ano, em meados da década de 1980, e a última década testemunhou um declínio de 5 GW/ano ou mais. Há esforços em andamento para estender a vida útil das usinas existentes e estimular a construção de novas unidades de forma a promover um "renascimento nuclear" e, assim, sustentar a participação da energia nuclear em um setor de energia elétrica global crescente. É isso que a Agência de Energia Nuclear da Organização para a Cooperação e Desenvolvimento Econômico (OCDE) e a Agência Internacional de Energia Atômica acreditam ser possível até o ano de 2050.

Por que o crescimento da energia nuclear diminuiu desde 1985?

A construção da maior parte dos reatores hoje existentes começou antes de 1975 e foi completada até 1985. Após os incidentes em Three Mile Island, nos Estados Unidos, em 1978, e Chernobyl, atualmente em território ucraniano, em 1986, a construção de novos reatores diminuiu drasticamente.

Os motivos para esse declínio são complexos e envolvem preocupações econômicas, ambientais e políticas. Primeiro, as economias de escala forçaram a expansão da geração atual dos reatores nucleares, a maioria dos quais opera na casa dos gigawatts e exige investimentos na ordem de bilhões de dólares. Há também a questão do aumento dos requisitos de segurança e dos custos de desativação, que também afetam a viabilidade econômica da energia nuclear. Ao contrário de outras tecnologias e das previsões mais otimistas, a energia nuclear não parece seguir um processo de "curva de aprendizado", em que os custos diminuem com as economias de escala. Além disso, existem preocupações políticas, em geral relacionadas ao risco da proliferação nuclear, pois essa é uma tecnologia de dupla utilização, que permite o desvio de urânio enriquecido ou de plutônio para a fabricação de armas nucleares. Também há problemas relativos ao descarte de lixo nuclear.

Quais são os problemas do descarte de lixo nuclear?

Os elementos removidos do reator após a sua utilização correspondem a menos de 1% do volume de resíduos, mas contêm 95% da radioatividade total. Os átomos radioativos são instáveis e emitem partículas ou radiação ("decaem") até se transformarem em átomos estáveis. É um processo estatístico caracterizado por uma meia-vida, que é o tempo necessário para que metade dos átomos radioativos "decaiam". Durante esse processo, a atividade de lixo nuclear é reduzida em 90%, no primeiro ano, mas são necessários 100.000 anos para reverter aos níveis do minério de urânio. A fissão do urânio 235 gera isótopos radioativos de xenônio e estrôncio (entre outros), que sofrem decaimento radioativo até componentes estáveis se formarem. Alguns desses produtos intermediários, especialmente o estrôncio 90 e o césio 137, com meias-vidas de cerca de 30 anos, são altamente carcinogênicos e persistentes no meio ambiente, a ponto de se acumularem nos ossos das pessoas.

O lixo nuclear precisa ser armazenado durante muitas décadas, talvez até séculos, em reservatórios subterrâneos profundos, em formações geológicas em terrenos sólidos, ou no leito do oceano, encapsulado em cimento, betume e resinas para vitrificação. Ainda não há capacidade de armazenamento final para esses materiais. Os Estados Unidos tinha planos para a construção de um grande depósito permanente de lixo nuclear, com capacidade para 70.000 toneladas, na montanha Yucca, até 2019. O custo estimado da construção era de US$ 10 bilhões a US$ 20 bilhões. Contudo, devido à oposição de grupos ambientalistas, o governo dos EUA interrompeu o projeto em 2010. A Finlândia estava construindo um depósito menor para armazenar o lixo nuclear dos seus reatores. A França possui instalações provisórias para o descarte de resíduos nucleares. Nos Estados Unidos, o lixo nuclear produzido pelos mais de 100 reatores em operação é armazenado em blocos de concreto ou em piscinas cheias de água nos locais onde se situam os reatores.

O que é o "renascimento" da energia nuclear?

A produção de energia nuclear produz emissões baixíssimas de gases do efeito estufa (ao longo do seu ciclo de vida), pois as usinas nucleares não consomem combustíveis fósseis. A principal fonte dessas emissões é a energia utilizada na construção das instalações do reator nuclear e a na preparação do combustível nuclear. As operações dos reatores também produzem emissões minúsculas de dióxido de enxofre (SO_2) e óxidos nitrosos (NO_x), poluentes emitidos também pelo uso de combustíveis fósseis. Assim, do ponto de vista ambiental, os reatores nucleares são fontes atraentes de produção de eletricidade, e as preocupações recentes com o aquecimento global levaram a esforços consideráveis para revitalizar a indústria nuclear.

As reservas de urânio são abundantes e o custo da sua extração é de menos de US$ 40/kgU. As reservas em 2009, a esse custo, somavam 570 mil toneladas, e a produção totalizava 44 mil toneladas; assim, em princípio, elas deveriam durar apenas 13 anos. A custos de produção maiores (abaixo de US$ 80/kgU), as reservas saltam para 2,5 milhões de toneladas.

Reservas, recursos e ocorrências de urânio baseiam-se no ciclo aberto (*once-through*) de operação do combustível. Os ciclos fechados e a tecnologia de regeneração aumentariam o volume de recursos do urânio em 50 a 60 vezes. Os ciclos de combustível baseados em tório expandiriam ainda mais a base de recursos físseis.

Se outros problemas relativos ao uso de energia nuclear, tais como o descarte de lixo nuclear e a proliferação nuclear, forem resolvidos, a energia nuclear poderá contribuir mais para o suprimento energético no século XXI.

Diversos países, especialmente os Estados Unidos, tentaram estimular um "renascimento nuclear" nos últimos anos. Até o fim de 2010, havia sinais desse suposto "renascimento", com o início da construção de alguns novos reatores, especialmente na China, Rússia e Europa Oriental. Além disso, cerca de 50 países em desenvolvimento indicavam o seu interesse em instalar reatores nucleares, embora muitos não tivessem redes elétricas de tamanho suficiente para acomodar grandes unidades nucleares, que são bastante caras.

Esses planos passaram a ser questionados após o acidente nuclear em Fukushima, no Japão, onde seis reatores foram gravemente atingidos por um terremoto, seguido de um tsunâmi. As consequências foram gravíssimas: houve o derretimento parcial de parte das varetas de combustível no núcleo do reator e uma emissão de césio 13 radioativo maior do que 15% das emissões do desastre de Chernobyl e mais de 100 vezes maior do que a quantidade liberada pela bomba atômica de Hiroshima. A radioatividade emitida forçou a evacuação de centenas de milhares de pessoas que moravam em um raio de 20 km da usina de Fukushima. O acidente foi classificado como tendo nível 7 na escala de gravidade dos acidentes nucleares, os mesmos níveis de Chernobyl.

O acidente de Fukushima levou a medidas de segurança mais estritas para impedir que desastres como esse se repitam e a uma reavaliação geral do papel da energia nuclear na matriz energética mundial no futuro.

Países da OCDE como Alemanha, Bélgica, Itália e Suíça decidiram desativar gradualmente os reatores existentes, ao final das suas vidas úteis, e cancelaram os planos de construir novos. O Japão também cancelou os planos de novos reatores. A Agência Internacional de Energia reduziu em 50% sua projeção do número de novos reatores (aproximadamente 200) cuja instalação era planejada até 2035. A China interrompeu os planos de expansão até os procedimentos de segurança serem revisados.

O que é fusão nuclear?

A fusão nuclear é uma reação nuclear na qual dois (ou mais) núcleos atômicos leves se fundem para formar um mais pesado. É o oposto da fissão nuclear, na qual um núcleo pesado, como o urânio, se divide em dois fragmentos mais leves e libera uma quantidade considerável de energia (e produtos radioativos).

Uma reação de fusão ocorre quando os núcleos em interação se aproximam bastante uns dos outros, o que é difícil porque ambos têm cargas positivas e há forte repulsão entre eles. Portanto, a fusão somente pode ocorrer a altíssimas temperaturas, em que os núcleos têm altas velocidades. Alguns afirmam que foi possível produzir "fusão a frio" à temperatura ambiente, mas essas alegações jamais foram confirmadas de forma independente.

A fusão ocorre naturalmente nas estrelas, incluindo o Sol. Ela é a origem da radiação solar que atinge a Terra. Os cientistas estão tentando produzir fusão nuclear controlada em laboratórios para gerar eletricidade, mas inúmeros problemas tecnológicos com o processo ainda precisam ser resolvidos. A grande vantagem da fusão nuclear, em relação à fissão para a produção de energia, é o pouquíssimo lixo nuclear produzido.

PARTE III

OS PROBLEMAS DO SISTEMA ENERGÉTICO ATUAL

7
Esgotamento dos combustíveis fósseis e segurança energética

Os combustíveis fósseis estão se esgotando?

Embora sejam enormes, as reservas de combustíveis fósseis não são, por sua própria natureza, inesgotáveis. Como vimos anteriormente, a duração esperada das reservas hoje identificadas é de 41 anos para o petróleo, 63 anos para o gás natural e 147 anos para o carvão. Entre os três, o petróleo é claramente o mais conveniente de usar, pois pode ser armazenado e transportado com facilidade. Os sistemas de transporte atuais dependem quase totalmente do uso de derivados de petróleo.

O que a experiência mostra é que a produção está chegando ao auge em diversos países, o que leva a questionamentos sobre o "fim do petróleo". A produção de petróleo em países de fora da Opep e da ex-União Soviética começou a ser explorada no início do século passado e atingiu seu pico em torno de 2000. Atualmente, de acordo com muitas fontes, ela está em declínio.

Estima-se que aproximadamente metade das reservas de petróleo existentes, 0,92 trilhão de barris, foi usada entre 1860 e 2006. Restam 1,03 trilhão de barris a explorar.

Ainda assim, a questão da verdadeira dimensão das reservas de petróleo é bastante controversa, pois a exploração do petróleo está intimamente relacionada às tecnologias e aos custos envolvidos.

O "fim do petróleo" significa que reservas não convencionais precisarão ser acessadas e exploradas, a custos maiores. Serão necessárias tecnologias de recuperação melhorada de petróleo para exploração em águas profundas de forma a extrair as reservas no Ártico, o betume de óleo pesado e folhelhos betuminosos.

O uso desses recursos pode causar problemas ambientais adicionais, como os grandes derramamentos de petróleo na exploração *offshore*, tão bem ilustrados pelo desastre da BP no Golfo do México. A extração de petróleo de xisto no Canadá é outro exemplo de exploração de combustíveis fósseis que levou a novos problemas ambientais.

O que é o "debate sobre o pico do petróleo"?

Há uma profunda divisão entre geólogos e economistas sobre como responder quanto petróleo, gás, carvão ou urânio estão contidos na crosta terrestre.

Um número crescente de geólogos espera que a produção de recursos petrolíferos se esgote em um futuro não muito distante, ou seja, nos próximos 10 a 20 anos. Os geólogos baseiam suas projeções no fato de que o petróleo deve ser encontrado antes que possa ser produzido. O auge das grandes descobertas de petróleo ("supergigantes") encerrou-se em meados da década de 1960, seguido por um declínio substancial na descoberta de novas reservas em nível global. Entre 1980 e 2007, apenas 82% da produção global de petróleo foram reabastecidos pelo acréscimo de novas reservas.

Produzir mais petróleo continuamente, sem localizar novas reservas, levará ao pico da produção aproximadamente no momento que metade das reservas forem utilizadas. Após alcançar esse pico, a disponibilidade global de petróleo diminuirá anualmente, a uma taxa que depende da taxa de produção. Assim, as reservas globais totais pressupostas são um parâmetro crítico para determinar o nível do pico de produção e o ponto em que esse pico ocorrerá. O petróleo recuperável estimado é calculado com frequência, desde meados do século XX, com base na dotação original de petróleo convencional. As cerca de 100 estimativas diferentes abrangem uma faixa bastante ampla, especialmente aquelas realizadas durante a década de 1970. A grande maioria, entretanto, fica na faixa de

12,6 zetajoules a 16,7 zetajoules (ZJ). Até o final de 2008, a produção acumulada de petróleo somava cerca de 6,5 ZJ (156 Gtep). De acordo com as estimativas mais conservadoras, já ultrapassamos o marco de metade da produção total possível (ou seja, o pico), e a produção está fadada a diminuir daqui para a frente. O uso das estimativas maiores apenas desloca o pico em cerca de uma década.

O termo "recuperável" não é uma medida definitiva de "óleo no local" (ou *oil-in-place*), sendo apenas a porção recuperável em razão das complexidades geológicas e limitações econômicas. Uma tecnologia para aumentar a extração de petróleo é a recuperação melhorada de petróleo (EOR — *enhanced oil recovery*), aplicada para extrair quantidades residuais de petróleo que não teriam como chegar à superfície. Outra é a extração *offshore* a profundidades cada vez maiores, onde o petróleo pode estar coberto por depósitos de sal de acesso muito complicados.

Os economistas acreditam que a inovação tecnológica continuará a permitir a exploração de reservas adicionais ainda não identificadas, ou que não poderiam ser extraídas economicamente com a tecnologia existente. Além de expandir o limite dos recursos comercializáveis (campos menores, maiores taxas de recuperação, ambientes mais difíceis etc.), os preços maiores também estimulam a tecnologia de fases anteriores do processo produtivo e a P&D em exploração e produção.

Os economistas afirmam que a imensidão e a importância das fontes não convencionais de petróleo do mundo raramente são reconhecidas, e que as quantidades informadas se baseiam em tecnologia estática. Quando a produção de petróleo (convencional e não convencional) atingir um nível sustentável máximo, é provável que a produção seja caracterizada por um "planalto ondulante", não por um pico seguido por uma queda súbita. A trajetória da produção de petróleo no futuro encontra-se na Figura 7.1.

Os geólogos respondem que mesmo que a base de recursos do petróleo não convencional seja acessada, a produção seria limitada pelo alto investimento específico e pelos custos de produção, assim como pela legislação ambiental. Essas restrições provavelmente limitarão significativamente a produção. Em suma, os suprimentos de petróleo

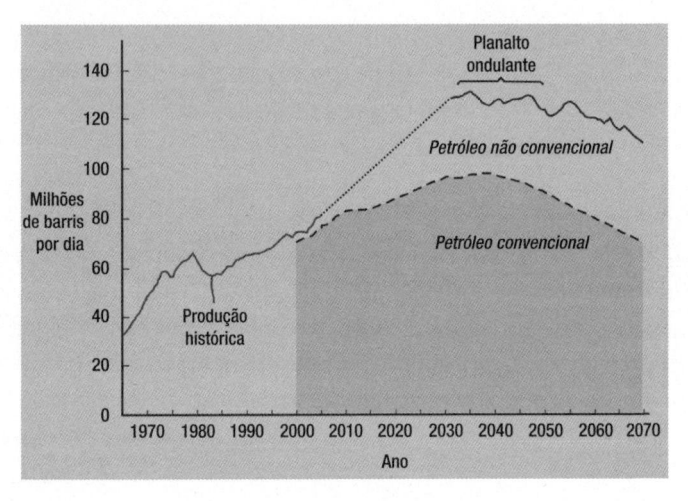

FIGURA 7.1 O futuro da produção de petróleo.

mundiais atingirão um pico máximo e então começarão a sofrer um declínio inevitável, acompanhado de preços cada vez mais altos.

As diferenças nas estimativas sobre petróleo recuperável e o papel da tecnologia e dos preços explicam as variações no tempo e no volume. Tanto geólogos quanto economistas veem um papel para o petróleo não convencional nos suprimentos futuros. Contudo, eles discordam sobre a velocidade à qual ele pode ser distribuído e sobre o nível dos custos econômicos e ambientais.

Existem estudos sobre carvão e gás natural semelhantes àqueles realizados para o petróleo, mas as reservas dessas fontes de energia são muito grandes (e, no caso do gás natural, estão até crescendo), então tais preocupações são menos urgentes.

O que é segurança energética?

A provisão ininterrupta de serviços de energia essenciais, um indicador de "segurança energética", é uma alta prioridade para todos os países. Na maioria dos países industrializados, a segurança energética está relacionada à dependência das importações e à deterioração da infraestrutura, enquanto muitas economias emergentes possuem vulnerabilidades adicionais, como capacidade técnica insuficiente e crescimento acelerado da demanda. Em muitos países de baixa renda, as vulnerabilidades na oferta e na demanda se sobrepõem, o que os torna especialmente inseguros.

A situação é particularmente grave com relação ao petróleo e seus derivados, que representam no mínimo 90% das necessidades energéticas do transporte em quase todos os países sem substitutos disponíveis. Além disso, a demanda global por combustíveis para transporte tem aumentado continuamente, especialmente nas economias emergentes asiáticas. Perturbações no abastecimento de petróleo podem, assim, ter efeitos catastróficos na produção de alimentos, serviços de saúde, segurança e outras funções essenciais dos estados modernos.

Os recursos petrolíferos restantes estão cada vez mais geograficamente concentrados em alguns poucos países e regiões, o que significa que a maioria dos países precisa importar uma proporção cada vez maior do petróleo que consomem, ou até todo ele. Mais de 3 bilhões de pessoas vivem em 83 países que importam mais de 75% dos derivados de petróleo que consomem. Outros 1,7 bilhão vivem em países com recursos petrolíferos nacionais limitados e provavelmente sofrerão com níveis igualmente altos de dependência das importações nos próximos 10 a 20 anos. A concentração crescente da produção de petróleo convencional e as mudanças rápidas nos padrões de demanda globais fazem com que alguns políticos e analistas temam uma "corrida da energia" ou até mesmo "guerras por recursos".

A dependência de importações também é comum nos países que usam gás natural para aquecimento e geração de eletricidade. Quase 650 milhões de pessoas vivem em 32 países da Eurásia que importam mais de 75% do gás que utilizam. Além disso, 12 países, com cerca de 780 milhões de habitantes, dependem de suas reservas nacionais limitadas de gás e, logo, provavelmente sofrerão dependência significativa de importações. Interrupções de curto prazo no abastecimento e aumentos súbitos dos preços representam as questões mais graves e frequentes na área da segurança energética, especialmente em países que dependem de um único fornecedor e que possuem um número limitado de gasodutos para importar gás natural.

Os custos das importações de energia (principalmente petróleo) estão mais de 20% acima dos rendimentos das exportações em 35 países, com 2,5 bilhões de pessoas, e superam 10% do PIB em outros 15 países, envolvendo 200 milhões de habitantes.

Essas vulnerabilidades no abastecimento de eletricidade muitas vezes são agravadas por pressões no lado da demanda. A maior parte da população mundial, cerca de 4,2 bilhões de pessoas, vive em 53 países. Esses países precisarão de uma expansão maciça da capacidade dos seus sistemas elétricos no futuro próximo, pois têm menos de 60% de acesso à eletricidade ou crescimento médio da demanda de mais de 6% na última década. Tanto combustíveis quanto infraestrutura para a expansão serão necessários para não comprometer a soberania ou a resiliência dos sistemas de eletricidade nacionais.

Quais são os problemas do acesso a serviços de energia nos países em desenvolvimento?

A pobreza, ligada à baixa renda, é vista como o desafio social mais crítico a ser resolvido, quando consideramos os problemas de acesso à energia. As estimativas mais recentes indicam que cerca de 2,6 bilhões de pessoas sobrevivem com menos de US$ 2 por dia. Dessa população, cerca de 1,4 bilhão vivem em extrema pobreza, o que representa a absoluta maioria dos 1,5 bilhão que não têm acesso a eletricidade.

Mais de 2,5 bilhões de pessoas dependem da biomassa tradicional, como madeira, carvão vegetal, resíduos agrícolas e esterco, para atender às suas necessidades energéticas diárias para cozinhar. Projeta-se que o número aumente dos atuais 2,7 bilhões de pessoas para 2,8 bilhões em 2030.

A grande maioria da população que vive em extrema pobreza tem acesso limitado à energia moderna e a opções de energia mais limpas, como eletricidade ou combustíveis de cozinha modernos como o gás liquefeito de petróleo (GLP). O maior acesso a opções de energia mais limpas e modernas pode se tornar uma ferramenta importante para combater a fome extrema, pois aumenta a produtividade dos alimentos e reduz as perdas pós-colheita. Em ambos os casos, as tecnologias de energia necessárias para cumprir os objetivos muitas vezes podem ser produzidas em escala local. Um exemplo é a irrigação, que exige insumos consideráveis em termos de eletricidade que podem ser obtidos com painéis fotovoltaicos ou bombas de vento.

A eletricidade nos centros de saúde rurais permite a prestação de serviços médicos à noite, ajuda a reter profissionais qualificados e permite o uso de equipamentos médicos mais avançados (por exemplo, de esterilização e refrigeração de medicamentos). Além disso, é preciso energia para desenvolver, fabricar e distribuir remédios, medicamentos e vacinas, além de permitir o acesso a recursos de educação de saúde por meio das tecnologias da informação e comunicação (TIC).

Para cumprir a meta mais ambiciosa de acesso universal a serviços de energia modernos até 2030, será preciso um investimento adicional de US$ 756 bilhões, ou US$ 36 bilhões por ano, de acordo com estimativas recentes. O valor representa menos de 3% dos investimentos globais em energia projetados para 2030. O aumento resultante na demanda por energia primária e nas emissões de CO_2 seria modesto.

A escala do desafio é enorme, mas o acesso à energia, à eletricidade e a combustíveis e/ou fogões modernos para todos pode ser concretizado até 2030. Essa conquista exigirá investimentos globais de algo entre US$ 16 e US$ 65 bilhões anuais, uma pequena fração dos custos totais da infraestrutura de energia.

O acesso a combustíveis modernos para cozinhar pode contribuir muito pouco para as emissões de gases de efeito estufa, ou até não contribuir. As vantagens imediatas incluem benefícios para a saúde da ordem de 800.000 a 1,8 milhão de mortes evitadas por ano, uma redução no tempo necessário para cozinhar e os benefícios socioeconômicos do melhor acesso à energia. Tais benefícios se estendem muito além da geração atual.

8
Problemas ambientais

Por que os problemas ambientais são tão importantes na atualidade?

Em um prazo bem curto (cerca de 150 anos após a Revolução Industrial), os impactos ambientais das atividades humanas, em termos de magnitude, tornaram-se comparáveis àqueles causados pelos efeitos naturais. Os seres humanos se tornaram uma força de proporções geológicas. Por exemplo, forças naturais (como vento, erosão, chuva e erupções vulcânicas) movem cerca de 50 milhões de toneladas de material por ano. A população atual da Terra usa, em média, 8 toneladas de recursos minerais *per capita* por ano, movendo cerca de 48 bilhões de toneladas. Um século atrás, a população mundial era de 1,5 bilhão e a quantidade de recursos usada era de menos de 2 toneladas *per capita*: o impacto total era 16 vezes menor. Diante de tamanho impacto, novos problemas ou áreas de interesse no campo ambiental passaram a ser objetos de estudo e de preocupação.

Os problemas ambientais normalmente são agrupados em três categorias:

- Locais
- Regionais
- Globais.

A *poluição local* envolve ar limpo, abastecimento de água potável, remoção e descarte de resíduos sólidos e efluentes líquidos, limpeza das ruas e assim por diante. Essas atividades caracterizam as "boas" cidades de pequeno e médio porte desde a Roma Antiga. Contudo, em muitos países em desenvolvimento, grande parte da população vive entre os detritos e resíduos que produz pela falta de recursos para remover o lixo e construir esgotos e outras obras de engenharia para o abastecimento de água. Isso fica evidente nas favelas das grandes cidades que, em linhas gerais, cercam as "ilhas de prosperidade", onde as classes abastadas obtêm uma qualidade de vida comparável à da Europa ou dos Estados Unidos. A poluição local anda lado a lado com a pobreza e geralmente é de responsabilidade dos governos locais.

A *poluição regional* é causada principalmente por automóveis, produção de energia e indústria pesada, inerentes às sociedades mais prósperas. As grandes cidades e seus arredores, como Los Angeles, Cidade do México e São Paulo, há muitos anos "sufocam" sob a poluição causada pelas emissões e o *smog* resultantes do uso de combustíveis fósseis. Às vezes, o nível de poluição produzido é grande o suficiente para causar problemas regionais e até mesmos transnacionais, como a "chuva ácida" que se originou nos Estados Unidos, mas foi responsável pela mortandade em lagos canadenses. O mesmo ocorreu nos lagos da Escandinávia, em razão das atividades industriais no outro lado do Mar Báltico. A poluição regional precisa ser resolvida em nível estadual ou nacional e, por fim, entre um grupo de países.

A *poluição global* é a terceira categoria, e suas consequências mais óbvias até o momento são a destruição da camada de ozônio na estratosfera por CFCs (clorofluorcarbonetos) e o "efeito estufa". Esses problemas são provocados por mudanças na composição da atmosfera e não têm muita relação com as fronteiras nacionais. Suas causas são gases que podem se originar de qualquer lugar do mundo. Por exemplo, o bem-estar de pessoas que moram na Suíça pode, em última análise, ser afetado pelo que acontece na Índia ou na China (e vice-versa). A poluição global só pode ser enfrentada no nível internacional.

A classificação dos problemas ambientais como locais, regionais e globais é um tanto arbitrária, pois alguns problemas que começam locais podem facilmente se tornar regionais e até atingir importância global. Exemplo disso são os derramamentos de petróleo, que são cotidianos, mas de vez em quando adquirem enorme visibilidade.

Quais são os problemas ambientais locais?

Os problemas ambientais locais podem ser de três tipos:

- A poluição atmosférica urbana é produzida principalmente pelos poluentes emitidos por automóveis e caminhões a gasolina e a diesel. Os exemplos de poluentes incluem emissões de dióxido de enxofre (SO_2), monóxido de carbono (CO), óxidos de nitrogênio (NO_x) e material particulado (MP) resultantes da queima de combustíveis fósseis, especialmente petróleo e carvão, e da indústria e da geração de eletricidade.
- A poluição de ambientes internos e as emissões de MP e CO são causadas pelo uso de combustíveis sólidos (biomassa e carvão) para aquecimento e para cozinhar, e das emissões tóxicas de processos industriais e manufatureiros.
- A poluição de corpos d'água superficiais (rios, lagos, estuários) e de água subterrânea e a contaminação de solos são resultado de vazamentos de derivados do petróleo, uso de fertilizantes e pesticidas na agricultura, vazamentos de postos de gasolina e outros resíduos industriais. Áreas industriais e de mineração abandonadas sem operações de desativação adequadas (limpeza, isolamento e armazenamento, recuperação) também podem contribuir significativamente para o problema.

O que é poluição atmosférica urbana?

A poluição atmosférica urbana é provavelmente o produto indesejável mais visível da civilização. Já era um problema no século XVI, quando as sessões do parlamento britânico em Londres precisaram ser adiadas devido a "episódios" graves de poluição resultantes do uso de madeira e carvão para aquecimento residencial. A fuligem e o material particulado emitido atuam como aglomerantes para o vapor d'água na atmosfera, o que cria um nevoeiro denso. Um dos incidentes mais graves ocorreu em 1952, quando um denso nevoeiro em Londres resultou em 4.000 mortes e mais de 20.000 casos de doença. A poluição do Rio Tâmisa contribuiu significativamente para isso. Esses desastres levaram à lei do ar limpo, de 1956, que estabeleceu limites para a emissão de poluentes e níveis aceitáveis de qualidade do ar no Reino Unido. Outras leis foram sancionadas posteriormente, em muitos países da Europa Ocidental, América do Norte e no Japão. O resultado foi a criação de agências de monitoramento, regulamentação e avaliação da qualidade ambiental, com consequências altamente benéficas.

Os cinco principais poluentes atmosféricos urbanos são:

- Óxidos de enxofre (SO_x, principalmente SO_2);
- Óxidos de nitrogênio (NO_x, principalmente óxido nítrico (NO) e dióxido de nitrogênio (NO_2);
- Monóxido de carbono (CO);
- Material particulado (MP, incluindo metais pesados, como o chumbo); e
- Ozônio (O_3).

Os sistemas energéticos são a principal fonte de emissões de dióxido de enxofre (constituindo 90% das emissões totais). As emissões de SO_2, que se combina com o vapor d'água na atmosfera para produzir chuva ácida sulfúrica, diminuíram nas regiões desenvolvidas nas duas últimas décadas, mas as das regiões em desenvolvimento aumentaram.

Nas regiões industrializadas, a indústria e o transporte são as principais fontes de emissões de CO_2. A queima de combustíveis fósseis e de madeira como combustível contribui com cerca de um terço do total das emissões de origem humana. Nas regiões em desenvolvimento, a combustão insuficiente em fogões, fornalhas e caldeiras primitivas é uma das fontes principais.

O que é poluição do ar em ambientes internos?

Existem três tipos de problema relacionados à poluição do ar em ambientes internos:

- Tradicionais: causados pela ação de cozinhar, em geral em ambientes internos, que produz fumaça, material particulado, monóxido de carbono e outros gases, que afetam principalmente a população mais pobre da zona rural. Mais de 1 bilhão de pessoas nos países em desenvolvimento são vítimas desse tipo de poluição.
- Ocupacionais: levam a doenças como silicose e envenenamento por mercúrio e afetam especialmente os mineradores e operários.
- Modernos: afetam pessoas que moram em edifícios modernos, hermeticamente fechados, devido ao radônio e ao amianto dos materiais de construção e ao formaldeído emitido pela espuma isolante (a chamada síndrome do edifício doente).

Restringiremos nossa discussão ao tipo "tradicional" de poluição, fortemente ligada à crise da madeira combustível.

Em 1989, a produção total de madeira, ou seja, madeira derrubada e colhida de árvores, independentemente do seu destino, foi de cerca de 3,5 bilhões de metros cúbicos, igualmente distribuída entre madeira industrial e madeira combustível.

Nos países industrializados, 82% da madeira não é queimada, e sim usada para fins industriais; nos países menos desenvolvidos, 80% é utilizada como combustível. A madeira e outros combustíveis de biomassa representam entre 40% e 60% dos recursos energéticos totais de muitos países em desenvolvimento na Ásia, América Latina e África. O uso em cozinhas residenciais totaliza mais de 60% do uso de energia total na África Subsaariana e supera 80% em diversos países. Além disso, algumas famílias pobres gastam 20% ou mais de 25% do seu tempo total coletando madeira.

A Organização Mundial de Saúde (OMS) identificou o uso de biomassa para cozinhar como o maior problema de poluição do ar em ambientes internos hoje, e estima que quase 1,5 bilhão de pessoas vivem sem ar saudável. Altos níveis de exposição à fumaça da combustão de madeira, frequentemente 10 ou mais vezes acima do limite recomendado pela OMS, foram observados em estudos sobre emissões em diversos países em desenvolvimento. Esse fator, por sua vez, está ligado a infecções respiratórias agudas (IRAs), especialmente pneumonia, entre vários outros males.

As mulheres, que geralmente realizam mais de 90% das tarefas domésticas, incluindo cozinhar, e seus filhos compõem o segmento da população mais exposto continuamente à poluição do ar em ambientes internos. Por exemplo, em um grupo de países em desenvolvimento (Índia, Nepal, Nigéria, Quênia, Guatemala e Papua-Nova Guiné), a exposição típica a material particulado em suspensão (MPS) é de 10 a 200 vezes maior do que recomendam as diretrizes da OMS, enquanto a exposição a monóxido de carbono está cinco vezes acima do limite e a exposição a benzo[a]pireno, um cancerígeno conhecido, é de pelo menos 100 vezes o limite que constam nas diretrizes da OMS. Os níveis resultantes de poluição em residências e cozinhas externas nesses países equivale à dose de material particulado gerado por diversos maços de cigarro ao longo do dia. A IRA é, na verdade, o maior risco à saúde das crianças nos países em desenvolvimento, e estima-se que seja responsável por 4,3 milhões de mortes anuais. Entre todas as doenças endêmicas, incluindo a diarreia, a IRA é a grande causa de doenças crônicas.

As condições de vida que expõem as pessoas a altos níveis de poluição do ar em ambientes internos estão muito bem documentadas na África. A maior parte da população na África Subsaariana vive em zonas rurais. No Quênia, por exemplo, apenas cerca de 20% vivem em vilas e cidades. As residências geralmente consistem em pequenas edificações com múltiplos propósitos, em que o mesmo quarto ou quartos são usados para cozinhar, dormir e trabalhar. Em muitos casos, o volume interno total é de menos de 40 m^3. No caso extremo dos Masai, no Quênia, os volumes de ar internos na área da cozinha podem ficar consistentemente abaixo de 20 m$_3$. Além disso, as áreas de cozinha rurais muitas vezes são muito mal ventiladas.

Diferentes combinações de combustíveis e fogões produzem níveis radicalmente diferentes de emissões em ambientes internos. Além dos fogões serem mais eficientes e, logo, demorarem menos para cozinhar os alimentos, os combustíveis também são muito diferentes entre si.

Quais são os problemas ambientais regionais?

São problemas de poluição que muitas vezes se originam nas cidades, mas se disseminam por outras áreas geográficas, frequentemente além das fronteiras nacionais.

Os principais problemas regionais são:

- Chuva ácida, que causa a deposição de ácido sulfúrico (H_2SO_4) e nítrico (HNO_3) e é formada pela reação da água (chuva, neve etc.) com SO_2 e NO_2. O SO_2 se origina das impurezas presentes nos combustíveis fósseis, e o NO_2 é produzido pela queima desses combustíveis a altas temperaturas, o que leva à combinação de nitrogênio e oxigênio, ambos presentes na atmosfera.
- A poluição dos mares e de corpos d'água transfronteiriços por vazamentos de petróleo e de outros produtos em águas interestaduais ou internacionais. Esses vazamentos causam a contaminação de aquíferos subterrâneos por meio da percolação de substâncias tóxicas. O mar é o sumidouro final da maioria dos resíduos líquidos e de uma fração considerável dos resíduos sólidos gerados pelas atividades humanas em terra. Mais de três quartos de toda a poluição marítima vem de fontes terrestres, como drenagem e descarga em rios, baías e praias, e da atmosfera. As fontes restantes de poluição marinha são transporte, despejo e mineração e extração de petróleo *offshore*, que estão relacionadas à energia.

O que é chuva ácida?

Preocupações com os danos causados pela acidificação surgiram na Suécia, mais de 30 anos atrás, quando o declínio da população de peixes nos rios e lagos parecia estar ligada a variações na acidez da água, de acordo com um indicador chamado pH.

Um pH de 7 é o ponto neutro, ou seja, o pH da água pura, que contém um número igual de íons positivos e negativos. Líquidos com pH abaixo de 7 são ácidos, enquanto aqueles acima de 7 são não ácidos, ou básicos. O pH da precipitação de chuva ácida nos Estados Unidos e na Suécia geralmente fica na faixa de 4 a 5.

Os dois principais ácidos na chuva ácida são o sulfúrico (H_2SO_4) e o nítrico (HNO_3). Ambos são formados na atmosfera a partir do dióxido de enxofre (SO_2) e de óxidos de nitrogênio (NO_x). Os produtos da queima de combustíveis fósseis, SO_2 e NO_x, podem ser levados pelo vento a distâncias de até 1.000 km do ponto de emissão, o que causa a chuva ácida longe da fonte primária de poluição. Isso significa que se trata de um problema regional, que frequentemente atravessa fronteiras nacionais. O SO_2 e o NO_x causam danos por meio de dois mecanismos:

- Deposição seca, que danifica a vegetação e estruturas, ou
- Deposição úmida, quando dissolvidos na chuva, água das nuvens ou vapor de água na atmosfera.

A química da produção da chuva ácida é apenas parcialmente compreendida. Diversos mecanismos parecem causar a formação dos ácidos, e as reações químicas dominantes dependem do local e das condições meteorológicas, assim como da composição química da atmosfera local. A luz do sol, a fuligem e metais-traço também podem acelerar o processo de formação de ácidos sob certas circunstâncias.

Há um fluxo natural de óxidos de S e N devido a emissões vulcânicas, combustão de biomassa, relâmpagos e assim por diante, mas o fluxo natural, que se espalha de forma homogênea, não causa fluxos de deposição maiores do que 0,28 g de enxofre por metro quadrado por ano. O problema realmente significativo é o fluxo de deposição de S ou de N de origem antropogênica, pois está concentrado em algumas regiões industriais.

Quais são os problemas ambientais globais?

São os problemas ambientais que transcendem as fronteiras nacionais, como as emissões de dióxido de carbono (CO_2) dos combustíveis fósseis e o desmatamento das florestas nativas e as emissões de metano (CH_4) e de outros gases responsáveis pelo efeito estufa.

Outros problemas ambientais globais indiretamente relacionados à energia incluem as emissões de ozônio; desmatamento para a produção de madeira combustível e carvão vegetal e também para a expansão da agricultura; acúmulo de metais pesados (como o mercúrio, emitido por usinas termelétricas a carvão que depois entra na cadeia alimentar) nos organismos vivos; compostos tóxicos produzidos por seres humanos (como bifenilos policlorados [PCBs]), encontrados nos fluidos usados em equipamentos elétricos; e substâncias radioativas derivadas de acidentes nucleares, testes atômicos e vazamentos radioativos.

O que é o efeito estufa?

A atmosfera terrestre é quase completamente transparente à radiação solar incidente. Uma pequena fração dessa radiação é refletida para o espaço, mas a maior parte dela atinge a superfície do planeta, principalmente na forma de luz visível, onde é absorvida e reemitida na forma de radiação térmica. Contudo, a atmosfera contém uma pequena quantidade de gases, principalmente dióxido de carbono (CO_2), que não são transparentes à radiação térmica e atuam como um cobertor, o que aquece toda a atmosfera e a superfície da Terra da mesma forma que uma estufa permanece quente o suficiente no inverno para permitir o cultivo de flores, verduras e legumes fora da estação (Figura 8.1).

Em 1896, Svante Arrhenius sugeriu que as emissões de CO_2 antropogênico resultariam no aquecimento da Terra, mas o conceito era apenas uma questão acadêmica até meados do século XX.

A origem desse cobertor é a combustão ou oxidação da matéria orgânica, e permaneceu aproximadamente constante nos últimos milhares de anos. Contudo, desde o início da era industrial no começo do século XVIII, a combustão de quantidades crescentes de combustíveis fósseis resultou no aumento constante da quantidade de CO_2 na atmosfera.

Por consequência do chamado efeito estufa, o planeta emite menos calor para o espaço. A existência da atmosfera e dos gases do efeito estufa permite que haja vida no nosso planeta. Eles atuam

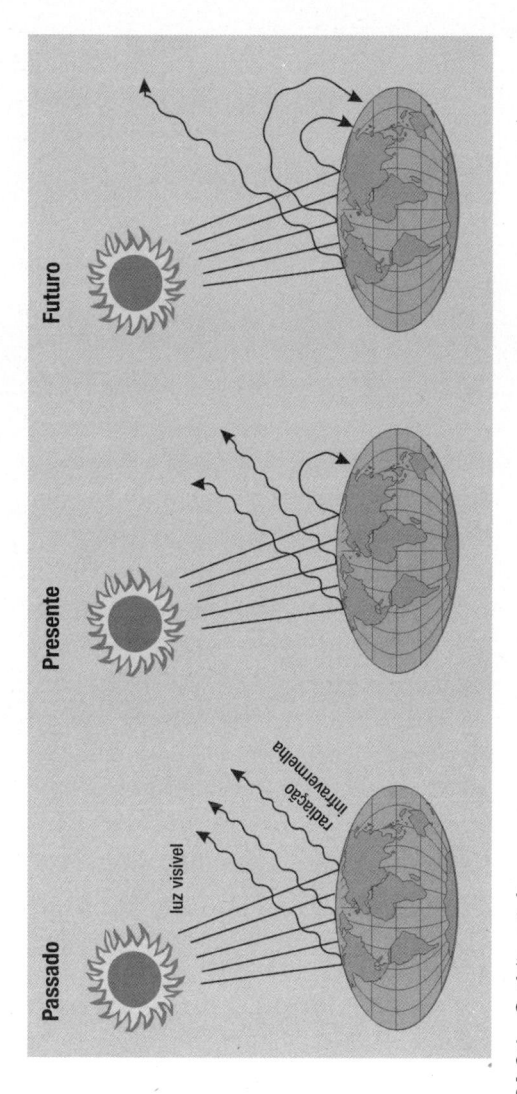

FIGURA 8.1 O efeito estufa.

como estabilizadores contra as variações súbitas de temperatura entre o dia e a noite. Sem eles, estima-se que a temperatura média na superfície terrestre seria de 15 a 20° C abaixo de zero. Enquanto a Lua e Marte não têm atmosferas e sofrem com as grandes diferenças de temperatura, Vênus tem uma "cobertura" bastante densa de dióxido de carbono, o que mantém sua temperatura permanentemente alta.

O nível de aquecimento produzido depende da concentração e das propriedades de cada gás, assim como o período durante o qual os gases permanecem na atmosfera.

Aerossóis (pequenas partículas) de vulcões, emissões de sulfatos industriais e outras fontes também podem absorver e refletir a radiação. Na maioria dos casos, os aerossóis tendem a resfriar o clima. Os aerossóis e o ozônio (ambos troposféricos e estratosféricos) também são fatores que causam um aumento do efeito estufa; contudo, o efeito é muito menor, e a incerteza científica ainda maior. Além disso, há um impacto no "albedo" (uma medida de refletividade) da superfície, alterado, por exemplo, pelo desmatamento e por outras mudanças no uso do solo. Todas as mudanças causadas pelos seres humanos no balanço de radiação da Terra, incluindo aquelas derivadas do aumento na quantidade de gases do efeito estufa ou aerossóis, tendem a afetar a temperatura da atmosfera e do oceano, assim como correntes associadas e tipos de clima. Essas mudanças podem se combinar e sobrepor a mudanças climáticas naturais.

Qual é a relação entre o aquecimento global e a energia?

Os gases do efeito estufa mais relevantes são o dióxido de carbono, metano, óxido nitroso e os halons (clorofluorcarbonetos e hexafluoreto de enxofre). Suas concentrações na atmosfera variam muito, de 383 partes por milhão em volume para CO_2, até 770 partes por bilhão em volume para o metano. Contudo, a eficácia de cada um em bloquear a reemissão de calor da Terra para a atmosfera depende das características dos gases. Por exemplo, uma molécula de CH_4

é 21 vezes mais eficaz do que uma molécula de CO_2 no bloqueio de tais emissões.

Analisando a contribuição dos diversos gases do efeito estufa para o aquecimento global em 2005 temos que: o CO_2 contribuiu com 76% (60% do uso de combustíveis fósseis e 16% do desmatamento), o CH_4 contribuiu com cerca de 16%, o N_2O com cerca de 6% e os gases fluorados contribuíram com 2%.

Além disso, a taxa de emissão dos gases do efeito estufa é diferente para cada gás: as emissões de CO_2 aumentam 0,4% por ano; as de metano, 0,8%/ano; as de óxido nitroso, 0,25% e os clorofluorcarbonetos, 4%/ano. O CO_2 se origina principalmente do uso de combustíveis fósseis; o metano, da degradação biológica de resíduos orgânicos e dejetos (incluindo dejetos animais e humanos); e os clorofluorcarbonetos são gases amplamente utilizados em *sprays* de cabelo, refrigeração e condicionamento de ar.

Os maiores emissores de carbono (CO_2 e CH_4) para produção de energia são os países industrializados (Estados Unidos, Rússia, Japão, Alemanha, Canadá, Reino Unido e mais alguns outros), mas nos países em desenvolvimento (China, Índia, Brasil, México e outros), as emissões estão crescendo rapidamente. Contribuem significativamente para isso as emissões causadas pelo desmatamento e outras mudanças no uso do solo nesses mesmos países.

A origem das emissões de CO_2 de acordo com o uso final está indicada na Tabela 8.1.

TABELA 8.1 A origem das emissões de CO_2

	Emissões de CO_2 em 2007 (%)
Eletricidade e aquecimento	41
Transporte	23
Indústria	20
Residencial	6
Outros*	10
Total	100

*Outros incluem comercial, serviços públicos, agricultura/silvicultura/pesca

O que é o Painel Intergovernamental sobre Mudanças Climáticas?

O Painel Intergovernamental sobre Mudanças Climáticas (IPCC — Intergovernmental Panel on Climate Change) é uma organização científica intergovernamental que tem a missão de revisar e avaliar as informações científicas, técnicas e socioeconômicas produzidas mundialmente que forem relevantes para entender a mudança climática. O painel foi criado em 1988 pela Organização Meteorológica Mundial (OMM) e pelo Programa das Nações Unidas para o Meio Ambiente (Pnuma), ambos órgãos da Organização das Nações Unidas (ONU).

O IPCC não realiza pesquisas originais e não monitora o clima ou fenômenos relacionados. A avaliação do IPCC se baseia principalmente na literatura científica publicada submetida à revisão paritária. Uma das atividades principais do IPCC é preparar relatórios especiais sobre tópicos relevantes à implementação da Convenção-Quadro das Nações Unidas sobre a Mudança do Clima (UNFCCC — United Nations Framework Convention on Climate Change).

O IPCC publicou seu primeiro relatório em 1990, seu quarto, em 2009; o quinto estava programado para 2014.

Os relatórios do IPCC servem de base para as políticas seguidas pela Conferência das Partes da Convenção-Quadro das Nações Unidas sobre a Mudança do Clima, adotada em 1992, cujo objetivo é a estabilização das concentrações de gases do efeito estufa na atmosfera em um nível que impediria a interferência antropogênica perigosa com o sistema do clima (Artigo 2 da Convenção sobre a Mudança do Clima).

Quais são os fatos em relação à mudança climática?

Os 11 anos entre 1995 e 2006 quebraram recordes de temperatura média, medidos desde 1850. Entre 1906 e 2005, a temperatura média da Terra aumentou 0,74 °C. O aumento de temperatura por década nos últimos 50 anos foi quase o dobro daquele observado nos últimos 100 anos. No século passado, o aumento da temperatura média no Ártico foi o dobro da média do planeta.

As geleiras e a neve das montanhas, assim como as calotas polares, diminuíram. No Ártico, o degelo da primavera aumentou 15% desde 1900. Os efeitos dinâmicos do degelo contribuem ainda mais para o aumento dos níveis dos oceanos. Os oceanos absorvem mais de 80% do calor incidente na Terra e suas temperaturas médias aumentaram a profundidades de até 3.000 m, o que leva a uma expansão volumétrica e a um aumento do nível do mar. O nível do mar subiu 17 cm durante o século XX, a uma velocidade de 1,8 mm por ano no período de 1961 a 2003 e de 3,1 mm por ano no período de 1993 a 2003.

A precipitação aumentou nas regiões ocidentais das Américas, Norte da Europa, Norte da Ásia e Ásia Central. As secas aumentaram no Mediterrâneo, África do Sul e Sahel (entre o Deserto do Saara e as terras mais férteis do Sul) e partes do Sul da Ásia. Há evidências de maior atividade de ciclones, principalmente no Atlântico Norte. O aumento de eventos de precipitação forte é consistente com o aquecimento global e com a maior concentração atmosférica de vapor d'água. Secas intensas e mais prolongadas se tornaram mais frequentes desde a década de 1970, especialmente nas regiões tropicais e subtropicais. Além disso, associadas às secas, observam-se alterações nas temperaturas oceânicas e nos padrões eólicos e aumentos no degelo das montanhas.

Parte do aumento no número de eventos extremos provavelmente se deve a melhorias significativas no acesso a informações e ao crescimento populacional. Eventos extremos são relativamente raros e ocorrem apenas 5% ou menos do tempo. Eles são identificados com base na ocorrência do evento ao longo do tempo. Com base nessa definição, o número de terremotos por ano permaneceu aproximadamente constante desde 1960, mas o de ciclones aumentou cerca de 50% e o de inundações aumentou 100% desde 1995.

Quais são as previsões dos modelos climáticos?

De acordo com os modelos do IPCC, entre 1999 e 2099, a temperatura média do planeta aumentará em 0,3 °C a 6,4 °C, o nível do mar se elevará entre 0,18 e 0,59 m e o pH do oceano sofrerá uma redução de 0,14 a 0,35.

Os modelos também preveem que o aquecimento será maior na terra do que nos oceanos, e maior nas latitudes do norte; o gelo e a neve perene diminuirão; ondas de calor e precipitação forte aumentarão; os ciclones se tornarão mais intensos; tempestades extratropicais se moverão em direção aos polos; e as correntes oceânicas diminuirão em cerca de 25%, o que alterará a Corrente do Golfo e, por consequência, provocará invernos mais rigorosos na Europa Ocidental.

Portanto, para estabilizar as concentrações de CO_2 na atmosfera em 450 ppm, precisaremos reduzir as emissões dos combustíveis fósseis em mais de 50%. Isso exigirá um esforço considerável.

As emissões passadas e futuras de CO_2 causadas pelas atividades humanas continuarão a contribuir para o aquecimento global e o aumento dos níveis do oceano por mais de um milênio, dada a escala de tempo necessária para remover esses gases da atmosfera.

Quais são os impactos ambientais das fontes de energia renovável?

Embora os impactos ambientais resultantes do uso de energia em geral estejam diretamente ligados ao uso de combustíveis fósseis, também existem problemas originários do uso de energias renováveis. Isso é especialmente verdade quando avaliamos o ciclo completo, "do berço ao túmulo", de todos os equipamentos e tecnologias envolvidos.

Hoje as fontes de energia renovável têm uma contribuição modesta para o consumo de energia mundial, mas esses problemas receberão mais atenção à medida que essa contribuição aumentar. Os principais impactos das fontes mais importantes de energia renovável são:

- Descargas de efluentes líquidos e uso de fertilizantes para produção de biomassa moderna que contaminam os aquíferos subterrâneos com nitratos e outras substâncias tóxicas e representam ameaças gravíssimas aos peixes e à vida marítima em geral.

- Equipamentos eólicos causam ruído e poluição estética, e as pás das turbinas representam um perigo para os pássaros migratórios.
- O cobre e o chumbo dos coletores e das baterias usadas para a produção de energia solar resultam no acúmulo de resíduos tóxicos no meio ambiente.
- Os reservatórios usados para pequenas usinas hidrelétricas interferem com a fauna e a flora locais e entram em conflito com o turismo.

Quais são os impactos das usinas hidrelétricas?

As usinas de hidroeletricidade, especialmente as de grande porte, podem interferir seriamente no meio ambiente, pois exigem a construção de grandes represas e a inundação de áreas extensas, o que altera os fluxos de água e impede a migração de peixes.

As inundações são um indicador importante do impacto ambiental causado pelas represas, mas não são o único Entre os outros impactos estão a remoção de populações (incluindo populações nativas tradicionais); alteração de regimes hidrológicos a jusante (que ocorre após a represa ser construída); acúmulo de sedimentos a montante; barreiras à migração de peixes; proliferação de algas (eutrofização), plantas aquáticas e mosquitos; extinção de espécies endêmicas; e perda de turismo e de heranças históricas e arqueológicas. Outro risco possível é o rompimento das barragens. O impacto dos empreendimentos hidrelétricos também pode ser estimado de acordo com a potência produzida por hectare do reservatório. Quanto maior esse número, menor o impacto no meio ambiente. Um número típico para usinas hidrelétricas é de 2 kW/hectare.

As usinas hidrelétricas em operação não produzem CO_2 ou outros poluentes relacionados com combustíveis fósseis, com a exceção do CH_4, que resulta da decomposição da matéria orgânica presente nos reservatórios (especialmente se a vegetação não é removida antes da inundação); no entanto, a construção e a desativação de usinas hidrelétricas resultam em emissões de CO_2.

Qual é a gravidade dos vazamentos e derramamentos de petróleo?

Derramamento de petróleo é o vazamento de hidrocarbonetos de petróleo líquido no meio ambiente decorrente de atividades humanas. O termo em geral se refere a derramamentos marítimos, nos quais o petróleo é lançado em águas oceânicas ou costeiras. Os derramamentos, no entanto, incluem vazamentos de petróleo de navios-petroleiros, de plataformas *offshore*, poços e sondas de perfuração, assim como derramamentos de produtos refinados (como gasolina e óleo diesel) e seus derivados, combustíveis mais pesados utilizados por navios de grande porte, como combustível *bunker*, ou o derramamento de qualquer resíduo petrolífero. Cerca de metade dos 30 bilhões de barris de petróleo consumidos anualmente é transportada por vias marítimas, onde os derramamentos ocorrem com frequência. A poluição por petróleo é uma forma altamente visível de poluição marinha e costuma provocar grandes reações e levar a medidas corretivas. O derramamento anual médio de afloramentos naturais e do transporte é de 9 milhões de barris, dos quais 1,5 milhão de barris vazam em águas territoriais dos Estados Unidos.

O acidente ocorrido nas águas profundas do Golfo do México destaca a gravidade do problema dos derramamentos de petróleo. O poço Macondo estava sendo perfurado no litoral do estado americano da Luisiana pela BP (British Petroleum) PLC usando a plataforma flutuante semissubmersível Deepwater Horizon da Transocean Ltd. Houve um vazamento de gás metano sob alta pressão que entrou em ignição e explodiu. A plataforma afundou, o que deu início a um derramamento de petróleo de proporções desastrosas. Foram 2,3 milhões de barris, de acordo com as estimativas da BP.

Não foi o primeiro do tipo no Golfo do México, e suas consequências ambientais só não foram mais graves porque boa parte da vida marinha na região já havia sido destruída por séculos de poluição vinda do Rio Mississippi. O poço de exploração Ixtoc explodiu em meados de 1979, durante uma perfuração da Petroleos

Mexicanos, resultando no que hoje consideramos o segundo maior derramamento de petróleo da história. Estima-se que a explosão do Ixtoc tenha levado a um vazamento de 3,3 milhões de barris de petróleo no Golfo até ser contido, quase 10 meses depois, em 23 de março de 1980. A Tabela 8.2 lista os principais desastres de derramamento de petróleo.

Inicialmente, estimou-se que o derramamento da Guerra do Golfo totalizaria cerca de 6 milhões de barris. Contudo, de acordo com um relatório da ONU, o petróleo de outras fontes não incluídas nas estimativas oficiais continuou a vazar no Golfo Pérsico até junho de 1991 e pode ter alcançado 24 milhões de barris.

O derramamento do Exxon Valdez no Ártico, em 1989, foi relativamente modesto, totalizando apenas 260.000 barris, mas, devido à sensibilidade ecológica do local, provocou cobertura intensa na mídia, processos judiciais multibilionários e uma moratória na exploração de petróleo na região.

O desmatamento é causado pelo uso de energia?

O principal motivo para o desmatamento mundial é a mudança no uso do solo para a expansão da agricultura e da pecuária.

O desmatamento e a desertificação são causados por uma combinação de exploração humana intensiva e fragilidade ecológica local. Essas atividades incluem crescimento populacional e pressões migra-

TABELA 8.2 Maiores desastres de derramamento de petróleo

	Galões (milhões)	Barris (milhões)
Guerra do Golfo 1991	1.000	24
Volume anual médio de derramamentos naturais e decorrentes de atividades regulares, como transporte	380	9
Ixtoc 1, 1979 (México)	140	3,3
PB (Deepwater Horizon) 2010	97	2,3
Exxon Valdez, 1989	11	0,26

tórias; substituição de culturas agrícolas; problemas políticos, principalmente na África, que impedem a migração sazonal de pecuaristas através de fronteiras nacionais e estaduais; más políticas que promovem a relocação populacional devido à inadequação do solo e outras condições; e estratégias de desenvolvimento nacional que priorizam excessivamente atividades predatórias, como a extração de madeira, produtos florestais, agricultura e pecuária. As duas últimas são as principais causas do desmatamento da Floresta Amazônica no Brasil.

Mesmo sem incentivos governamentais, o desmatamento é um negócio lucrativo: o preço de mercado de um hectare de floresta virgem mais do que dobra após a queimada e sua conversão em pasto. Além disso, a renda derivada da madeira pode ser altíssima. Alguns tipos de madeira (como o mogno) têm alto valor nos mercados de exportação. A silvicultura está aumentando, mas ainda representa apenas 3,8% do total das áreas florestas mundiais, ou 140 milhões de hectares. Cerca de 22% das florestas plantadas são usadas para conservação da água e do solo e os outros 78% para fins produtivos, incluindo energia.

A colheita de madeira para combustível não é a principal causa do desmatamento ou da desertificação subsequente nos países em desenvolvimento. A exceção ocorre nas áreas sensíveis, como ilhas e regiões elevadas, em que a cobertura vegetal não é suficiente para suprir as necessidades energéticas de populações carentes e em crescimento.

Embora o uso de madeira como combustível não seja a causa principal do desmatamento, existem "zonas de perigo" no mundo em que a contribuição desse uso para o desmatamento é de grande importância. Como vimos, isso ocorre principalmente na África, onde grande parcela da população depende da madeira como combustível para cozinhar. A produção de carvão vegetal também pode causar a degradação de vastas áreas florestais. É o caso no norte da Tailândia, que produz carvão vegetal para Bangladesh. É também o caso dos estados da região Norte do Brasil, que produzem carvão vegetal para abastecer a siderurgia. Muitas vezes, a indústria consome "resíduos de biomassa" das serrarias, sendo indiretamente responsável pelo desmatamento, fato que ainda ocorre em diversas carvoarias e indústrias metalúrgicas. Outros setores que frequentemente usam madeira como combustível sem considerar suas origens incluem a cerâmica, a gipsita e a indústria alimentícia.

Além da desertificação, o desmatamento contribui significativamente para o aquecimento global pelas emissões de CO_2. Cada hectare de floresta tropical contém cerca de 500 toneladas de CO_2 armazenado, que são lançados na atmosfera quando a floresta é derrubada.

O que é a pegada ecológica?

A pegada ecológica é uma medida da demanda que os seres humanos exercem sobre os ecossistemas da Terra; ela mede a área marítima e de solo biologicamente produtiva (em hectares) necessária para produzir os recursos consumidos pelas atividades humanas e para absorver e neutralizar os resíduos que ela gera.

O solo e o mar biologicamente produtivos incluem áreas que (1) sustentam a demanda humana por alimentos, fibras, madeira, energia e espaço para infraestrutura e (2) absorvem os resíduos da economia humana (principalmente CO_2). Áreas biologicamente produtivas incluem lavouras, florestas e pesqueiros, mas dela não fazem parte desertos, geleiras ou mar aberto.

A "pegada de carbono", que costuma ser usada para expressar a quantidade de carbono emitida por uma atividade ou organização, representa uma contribuição importante para a pegada ecológica. O componente de carbono da pegada ecológica indica as áreas produtivas de solo e mar necessárias para sequestrar as emissões de dióxido de carbono. É um indicador da demanda que o consumo de combustíveis fósseis impõe ao planeta.

A conversão do consumo de energia de combustíveis fósseis em área terrestre correspondente pode se basear em diversas abordagens. Cada uma tem sua própria justificativa, mas todas produzem aproximadamente os mesmos resultados: o consumo mundial anual *per capita* de 2 toneladas equivalentes de petróleo (80 EJ) corresponde ao uso de um hectare de terra ecologicamente produtiva. Um hectare é o tamanho de um campo de futebol (ou 10.000 m^2).

O etanol tem potencial para se tornar um portador de energia técnica e qualitativamente equivalente aos combustíveis fósseis. É um combustível homogêneo e concentrado, que pode ser armazenado e transportado facilmente e ser utilizado em processos humanos da mesma forma que os hidrocarbonetos fósseis. Por esses motivos, já é usado em alguns locais como complemento para a gasolina. A área correspondente ao consumo de combustíveis fósseis pode, assim, ser representada como o solo produtivo necessário para produzir a quantidade equivalente de etanol. Essa área é composta da quantidade de terra necessária para cultivar o material vegetal, geralmente cana-de-açúcar ou milho, e processar a energia necessária para produzi-lo.

Outro método estima a área necessária para sequestrar o CO_2 emitido pela queima de combustíveis fósseis. O argumento para essa abordagem é que não podemos permitir que o carbono fóssil (na forma de CO_2) se acumule na atmosfera se desejamos evitar possíveis mudanças climáticas. Se continuarmos a consumir quantidades excessivas de combustíveis fósseis, teremos a responsabilidade de tratar seus resíduos. Essa abordagem exige que calculemos a área de "sumidouro de carbono" necessária para assimilar o CO_2 fóssil que estamos injetando na atmosfera.

Outras contribuições para a pegada ecológica vêm das lavouras, dos pastos, dos pesqueiros, das áreas florestas e das áreas construídas.

De acordo com diversos cálculos de pegada ecológica, a humanidade já superou a capacidade da Terra de produzir os recursos necessários e absorver os resíduos que ela gera. A maneira de reverter essa sinistra situação é reduzir drasticamente o consumo de combustíveis fósseis e adotar práticas sustentáveis em outras atividades sociais.

9
Custos da energia

Quais são os custos da energia?

No mundo todo, os custos de energia dependem de diversos fatores. Os combustíveis fósseis, que são *commodities*, têm seus preços definidos no mercado internacional, mas são as condições locais que determinam os custos da energia renovável. Por exemplo, a eletricidade eólica pode ser produzida a um custo entre 4 e 8 centavos/kWh. Há um fator de 2 entre o custo da energia nas condições mais favoráveis e seu custo nos locais mais problemáticos.

A Tabela 9.1 lista os custos estimados de geração de eletricidade por todas as fontes de energia renovável, assim como os de energia nuclear, carvão e gás, para fins de comparação.

Quando comparamos o custo da geração de eletricidade com combustíveis fósseis e combustível nuclear, é preciso considerar, além dos custos de investimento e os do próprio combustível, o fato de que as usinas que consomem combustíveis fósseis emitem CO_2. Essas emissões são consideradas "externalidades", e os danos que causam à saúde humana e ao meio ambiente não são, hoje, incluídos nos custos. Essa situação tende a mudar. Na verdade, já está mudando, em alguns países. O custo das externalidades provavelmente será cobrado dos produtores, na forma de uma tarifa ou imposto sobre carbono. Por consequência, os combustívcis fósseis se tornarão mais caros do que aqueles que não emitem CO_2, como a energia renovável e a nuclear.

TABELA 9.1 O custo da produção de eletricidade

Tecnologia	Custo da energia ¢/kWh
Energia de biomassa	3–12
Eletricidade eólica	4–48
Eletricidade solar fotovoltaica	25–160
Eletricidade termossolar	12–34
Solar térmica de baixa temperatura	2–25
Energia hidrelétrica	
Grande	2–10
Pequena	2–12
Energia geotérmica	2–10
Energia marinha	
Marés	8–15
Ondas	10–30
Correntes de maré/marítimas	10–25
OTEC[a]	15–40
Nuclear	8,4
Carvão	6,2
Carvão (com carga de CO_2)	7,3
Gás	4,2–8,7
Gás (com carga de CO_2)	5,1–9,6

[a] Conversão de energia térmica oceânica (*ocean thermal energy conversion*).

O que são externalidades?

As externalidades são definidas como custos de transações de mercado não capturadas nos custos de energia tradicionais, e podem ser positivas ou negativas. Uma externalidade negativa é aquela que cria efeitos colaterais que podem ser prejudiciais ao público ou ao meio ambiente, como a poluição gerada pelo uso de combustíveis fósseis. Uma externalidade positiva, por outro lado, é um benefício que se estende além daqueles diretamente envolvidos com a atividade, como é o caso da construção de um parque público.

Arthur Pigou, um economista britânico mais conhecido pela sua obra no campo da economia do bem-estar, defendeu que a existência de externalidades justifica a intervenção governamental por meio de leis ou regulamentações. A filosofia do "imposto pigouviano" promove a tributação de externalidades negativas, que são, em sua essência, atividades associadas a impactos prejudiciais. O imposto pigouviano transfere a ênfase do subsídio de externalidades negativas para o subsídio das positivas, isto é, para atividades que criam benefícios.

Uma das soluções mais eficientes às externalidades é incluí-las no custo daqueles que estão envolvidos com as atividades, ou seja, internalizar a externalidade. Isso impediria as externalidades de serem consideradas falhas de mercado, o que poderia, por sua vez, enfraquecer o argumento em prol da intervenção governamental. Em geral, acredita-se que essa abordagem é melhor do que a regulamentação.

Outro método para controlar as externalidades negativas associadas com a produção de energia é o sistema *cap and trade*. O sistema define níveis de emissões máximas para um determinado grupo de fontes durante um período específico. Permissões não utilizadas podem ser negociadas (*trade*), compradas, vendidas ou guardadas para uso futuro. Com o tempo, o limite máximo (*cap*) é reduzido e, na teoria, isso deve incentivar o uso de processos mais eficientes para que lucros adicionais possam ser realizados com a venda de permissões para os produtores menos eficientes.

Na década de 1990, a Comissão da União Europeia (UE) lançou o ExternE, um grande programa de pesquisa com o objetivo de estabelecer uma base científica para a quantificação das externalidades relativas à energia e orientar a elaboração de medidas de internalização. O programa usava um impacto de baixo para cima que partia da emissão de uma única fonte, passava por alterações na qualidade do ar, do solo e da água, e chegava aos impactos físicos, como o aumento das emissões.

O estudo ExternE identificou que as externalidades na União Europeia variavam de 40 bilhões a 70 bilhões de euros para os combustíveis fósseis e a energia nuclear em 2003. O estudo destacou que, se incluíssemos os preços de energia, as externalidades identificadas dobrariam o custo da geração de eletricidade a partir do carvão e do petróleo e aumentariam o custo da geração de eletricidade a partir do gás natural em 30%.

Um exemplo típico de externalidade seria uma tarifa de carbono sobre o custo da eletricidade gerada em usinas termelétricas que utilizam combustíveis fósseis. Essas tarifas provavelmente somariam US$ 25 por tonelada de CO_2 emitida e poderiam aumentar o custo da eletricidade gerada em usinas a carvão em 2,1 ¢/kWh (de 6,2 para 8,3 ¢/kWh), e o custo da eletricidade gerada em usinas a gás em 1¢/kWh. Na União Europeia, os custos das externalidades incorridas pela energia de biomassa, hidrelétrica, fotovoltaica e eólica estão diminuindo.

O que são "curvas de aprendizado"?

As vantagens ambientais das tecnologias de energia renovável são bastante conhecidas, mas, assim como acontece com a maioria das novas tecnologias, seu custo é maior do que o das tecnologias convencionais baseadas em combustíveis fósseis.

Por exemplo, estima-se que a eletricidade gerada a carvão, a fonte mais importante no mundo todo, custe 6,2 ¢/kWh, enquanto a eletricidade solar fotovoltaica fique na faixa de 25 a 160 ¢/kWh (Tabela 9.1). Isso ocorre com a maioria dos produtos utilizados hoje, entre eles os automóveis. Hoje acessíveis para muitas pessoas, os automóveis eram caríssimos 100 anos atrás, quando foram lançados. A produção em massa com economias de escala e aprendizado tecnológico reduziu consideravelmente o custo dos automóveis.

Acelerar o desenvolvimento de novas tecnologias é particularmente relevante para disseminar a adoção das energias renováveis, o que é fundamental para a sustentabilidade ambiental. A "penetração de mercado" de uma determinada fonte de energia é o resultado de uma combinação complexa de fatores, como a disponibilidade de fontes de energia concorrentes, a conveniência de uso e o custo. Em geral, os preços diminuem à medida que as vendas aumentam em razão das economias de escala e da "curva de aprendizado".

Um indicador chamado "taxa de progresso" (PR — *progress rate*) mede a diminuição do custo de uma determinada tecnologia à medida que a produção aumenta. Em geral, uma PR de 80% significa que o custo diminui em 20% cada vez que a produção dobra. Quanto menor a PR, mais rápido os custos diminuem.

Nas primeiras fases da introdução de novas tecnologias, subsídios podem ser necessários até aumentos na produção levarem a custos menores. Esses subsídios geram distorções no mercado no longo prazo e, portanto, devem ser eliminados progressivamente, à medida que a tecnologia protegida amadurece.

Qual é a dimensão dos subsídios de energia?

Os formuladores de políticas normalmente justificam os subsídios de energia com o argumento de que contribuem para o crescimento econômico, reduzem a pobreza e fortalecem a segurança energética. Realmente, o uso criterioso dos subsídios de energia pode ajudar a resolver falhas de mercado ou atender a objetivos sociais e distribucionais, especialmente quando não existem mecanismos de bem-estar social para apoiar diretamente a renda da população carente. Os subsídios podem ser críticos para garantir o acesso a serviços de energia modernos, incluindo a eletricidade. Além disso, subsídios direcionados e elaborados corretamente podem superar as falhas de mercado ao atenuarem os problemas ambientais em contextos específicos; por exemplo, podem encorajar as alternativas à biomassa em áreas nas quais o desmatamento é um problema.

Contudo, os subsídios de energia podem colocar as sociedades em trajetórias de consumo e produção ineficientes. Os subsídios ao combustível fóssil para os consumidores podem criar dependências e desincentivar os usuários de adotar fontes de energia mais limpas. Da mesma forma, os subsídios a tecnologias de energia específicas prejudicam o desenvolvimento e a comercialização de outras tecnologias que poderiam, com o tempo, se tornar mais economicamente (e também ambientalmente) atraentes. Nessa medida, os subsídios podem "aprisionar" as tecnologias e excluir outras, mais promissoras.

A AIE estima que os subsídios de consumo relacionados a combustíveis fósseis somavam US$ 557 bilhões em 2008. Análises mostram que se os subsídios fossem eliminados gradualmente até 2020, o resultado seria uma redução na demanda primária por energia em nível global de 5,8% e uma queda nas emissões de dióxido de carbono relativas à energia de 6,9%, em comparação com um cenário de base em que os subsídios permanecessem inalterados.

A ordem de magnitude total dos subsídios para combustíveis fósseis, tanto para consumidores quanto para produtores, de quase US$ 700 bilhões por ano, equivale a cerca de 1% do PIB mundial.

Para colocar essas estimativas em perspectiva, estima-se que os subsídios agrícolas nos países da OCDE estivessem próximos de US$ 400 bilhões em 2008.

Por outro lado, a Global Subsidies Initiative (GSI) estima que em torno de US$ 100 bilhões por ano sejam gastos com subsídios a alternativas aos combustíveis fósseis, principalmente na Alemanha, Espanha, no Japão e nos Estados Unidos.

PARTE IV
SOLUÇÕES TÉCNICAS E POLÍTICAS

10
Eficiência energética

Quais são as soluções técnicas existentes para o sistema energético atual?

As soluções técnicas existentes para o sistema energético atual incluem maior eficiência, maior dependência de fontes de energia renovável, implementação de novas tecnologias de energia e políticas para acelerar a adoção das novas tecnologias.

Essas soluções são complementares, pois é possível desenvolver uma nova tecnologia para obter energia renovável com ganhos simultâneos de eficiência. Nesse sentido, a energia solar oferece grandes possibilidades. A energia deve ser utilizada de forma mais eficiente sempre que possível, pois isso estende as fontes finitas de combustíveis fósseis, reduz os impactos ambientais e, de forma geral, oferece vantagens econômicas em termos de retorno sobre o investimento.

Qual é o potencial da eficiência energética?

Há uma grande diferença entre o potencial teórico de uma fonte de energia e seu potencial técnico, econômico e de mercado.

- O *potencial teórico* é o que pode ser obtido com base nas leis da física, especialmente as leis da termodinâmica, e nos recursos naturais existentes.

- O *potencial técnico* são as economias de energia resultantes da redução do atrito e de outras perdas, assim como do uso de tecnologias mais eficientes. O potencial técnico não leva em conta fatores econômicos.
- O *potencial econômico* seria alcançável em economias de mercado abertas, nas quais há concorrência entre investidores e disponibilidade de informações entre todos os usuários para a tomada de decisões. Em um mercado aberto ideal, não há interferência governamental na administração dos preços.
- O *potencial de mercado* é o que se espera obter, dadas as condições comerciais. Tais condições são determinadas por imperfeições e barreiras de mercado, como a interferência do governo e a falta de informações entre agentes que compram e vendem publicamente. O potencial de mercado também é determinado pelas barreiras sociais em que levamos em conta externalidades, como problemas ecológicos e impactos na saúde.

Quais são as vantagens da eficiência energética?

O sistema energético do século XX evoluiu em uma época em que a energia (principalmente os combustíveis fósseis) era tão barata e abundante que o custo de poupar energia não valia a pena, do ponto de vista econômico. Antes da crise do petróleo, os gastos com energia, na maioria dos setores, representavam uma porcentagem baixíssima. Após a crise, quando os custos do petróleo quadruplicaram, teve início um grande esforço para melhorar a eficiência do uso de energia, tanto no lado da oferta (ou seja, no processo de conversão de fontes primárias de energia em eletricidade), quanto no lado do uso final (ou seja, nos equipamentos que utilizam eletricidade ou combustíveis, tais como geladeiras, dispositivos de iluminação e automóveis).

As vantagens da maior eficiência energética são a redução do uso de combustíveis fósseis e a maior segurança do abastecimento, pois menos energia é necessária para realizar as mesmas tarefas. Há também uma redução nos impactos ambientais.

Existem oportunidades para reduzir o consumo de energia em todas as etapas da cadeia energética, e são particularmente importantes na conversão de fontes primárias de energia em serviços de energia nos setores residencial, industrial, de transporte, público e comercial, pois cada um destes cria demandas ao longo da cadeia energética. Reduções de mais de 40% podem ter boa relação custo--benefício e ser possíveis na ex-União Soviética (e outras economias de transição) durante as próximas duas décadas, à medida que tecnologias antigas e ineficientes são substituídas. Na maioria dos países em desenvolvimento, o potencial de melhoria com relação custo-benefício positiva varia entre 30% e mais de 45%, uma vez que a maior parte do maquinário industrial em uso foi importado de países industrializados no passado e, logo, é ineficiente.

As melhorias implícitas de cerca de 2% ao ano poderiam ser ampliadas por mudanças estruturais nos países industrializados e em transição, expansão dos serviços e redução da produção industrial com consumo intensivo de energia e efeitos de saturação nos setores residencial e de transporte (ou seja, há um limite para o número de carros, geladeiras, televisores etc., que uma sociedade consegue absorver). As mudanças estruturais podem decorrer do aumento da reciclagem e da substituição de materiais que façam uso intensivo de energia, com melhor eficiência de materiais e uso intensivo de bens duráveis e de investimento. O resultado combinado das mudanças estruturais e das melhorias na eficiência poderiam acelerar o declínio anual da intensidade energética para possíveis 2,5%. Quanto desse potencial será realizado depende da eficácia dos sistemas e medidas de políticas públicas, mudanças de atitude e comportamento e nível de atividade empreendedora na conservação de energia e eficiência dos materiais.

Quais são as barreiras à eficiência energética?

A eficiência energética ou conservação de energia é um componente da eficiência econômica, mas nem sempre o componente dominante. O setor produtivo simplesmente considera a energia um ingrediente relativamente pequeno da produção, somando-se ao capital, mão de obra e matéria-prima. Além disso, questões relativas à energia frequentemente exigem conhecimentos específicos que estão distantes da atividade final da organização. A situação se torna ainda mais difícil quando a renda da empresa, do setor econômico ou até mesmo do país como um todo é derivada principalmente da venda de produtos energéticos primários. Nesses casos, a conservação de energia enfrenta oposição, pois medidas de eficiência representam, ao menos em princípio, uma redução nos lucros. É o caso, por exemplo, dos fabricantes de veículos de luxo; das concessionárias de energia, que lucram com a venda de eletricidade (exceto para setores com preços subsidiados, como as populações de baixa renda); de grandes empresas petrolíferas; e de entidades internacionais, como a Organização dos Países Exportadores de Petróleo (Opep).

As principais barreiras à conservação de energia, além da perda de renda por parte das concessionárias, são o baixo preço da energia para certos setores, que não reflete totalmente os custos de geração; a falta de prioridade para a energia, vista como custo fixo pelas empresas dedicadas a outras atividades; a falta de entendimento dos consumidores sobre a transição para um sistema mais eficiente, pois os custos de longo prazo não são evidentes; a falta de informações de fabricantes e vendedores sobre os produtos que consomem energia; a disponibilidade limitada de equipamentos eficientes no mercado; a falta de financiamento por terceiros; a visão econômico-financeira de curto prazo, principalmente em culturas inflacionárias com altas taxas de juros; e a falta de leis e instrumentos regulatórios para tornar a eficiência energética compulsória.

Qual é o potencial da eficiência energética na produção de energia?

O rendimento máximo dos sistemas convencionais para geração de eletricidade (turbinas a vapor e caldeiras) que utilizam combustíveis fósseis raramente supera os 35%, o que significa que 65% da energia disponível nos combustíveis fósseis é dissipada na forma de calor de baixa temperatura. As turbinas modernas, no entanto, geralmente recuperam o calor perdido e usam o calor residual para gerar mais eletricidade e aumentar o seu rendimento para aproximadamente 50%. Esses sistemas recebem o nome de sistemas de ciclo combinado.

Devido à introdução desses sistemas, entre 1990 e 2007, a eficiência da geração termelétrica com gás natural aumentou de 34% para 42%, em média. A geração de eletricidade a carvão não se beneficiou desses ganhos, e a eficiência permaneceu praticamente constante, pois os equipamentos em uso na maioria dos países em desenvolvimento não foram modernizados. Para o petróleo, a eficiência também permaneceu praticamente constante.

As usinas chinesas e indianas a carvão são as menos eficientes, com rendimentos em torno de 20%. Em comparação, as usinas termelétricas do Japão haviam atingido rendimento médio de 36% em 1965. Em 2004, as usinas termelétricas japonesas apresentavam rendimento médio de 40%, com algumas unidades chegando a 52%. A Dinamarca tinha rendimento de 36%, em 1960, e de 52%, em 2000.

Qual é o potencial da eficiência energética nos edifícios?

A energia é necessária nos edifícios de duas formas:

A energia operacional (geralmente chamada de direta) é a energia necessária para garantir os serviços de edifícios, incluindo conforto térmico, refrigeração, iluminação, comunicação e entretenimento e saneamento. O custo da energia operacional é o que aparece na conta de energia mensal.

A energia incorporada (geralmente chamada de indireta) é a energia necessária para a produção e transporte dos materiais usados na construção, na fabricação de móveis e eletrodomésticos e na provisão de serviços de infraestrutura, como água e saneamento. A energia incorporada é altamente dependente do projeto e das técnicas de construção das edificações.

É possível tentar tornar os edifícios mais eficientes por meio de mais investimentos na fase de construção, procurando reduzir a energia incorporada, ou com investimentos pesados em eletrodomésticos e aparelhos elétricos mais eficientes, para reduzir o consumo de energia na operação do edifício. Em um período de 50 anos, a energia direta no setor de construção da OCDE representou 84% da energia utilizada nesses países, o que significa que, a cada ano, até 15% da energia incorporada é consumida na operação do edifício. Essa quantidade é ainda maior em alguns países industrializados e menor nos países em desenvolvimento.

Na União Europeia, o aquecimento de ambientes representa o maior uso de energia. Os edifícios consomem até dois terços da energia total nas regiões frias da China e da ex-União Soviética. A iluminação pode ser o maior uso de eletricidade nos edifícios comerciais, mas, em climas quentes, o condicionamento de ar tende a liderar o uso de eletricidade.

Nos edifícios, as abordagens que otimizam as eficiências dos componentes individuais normalmente produzem ganhos de eficiência de 20% a 30% no uso de energia para aquecimento e resfriamento, enquanto novas abordagens, focadas em métodos holísticos que usam princípios de *design* integrado, obtêm economias de energia comprovadas de 60% a 90%, em comparação com as práticas padrões.

As casas passivas, que reduzem o uso de energia para aquecimento e resfriamento em 90% ou mais, já são construídas em muitos países europeus. O que as torna "passivas" é o fato de pouquíssima energia externa ser utilizada para aquecer a casa no inverno ou resfriá-la no verão. Maiores investimentos em isolamento térmico são parcialmente compensados pelos investimentos menores em sistemas de aquecimento e resfriamento, pois os custos de energia para a sua operação são quase eliminados, o que torna essas novas opções bastante atraentes.

Nos países em desenvolvimento, as edificações normalmente não precisam de aquecimento ambiente ou água quente, o que economiza quantidades significativas de energia e custos. Além disso, por usar quase exclusivamente materiais locais, os custos de produção podem ser reduzidos, como acontece com os tijolos de baixo custo na Índia.

Como poderíamos aumentar a eficiência energética dos edifícios?

Aproximadamente 40% de toda energia utilizada na atualidade é destinada à construção e uso de edificações. As práticas e tecnologias com maior eficiência energética para edifícios incluem:

Envelope construtivo	Janelas eficientes, isolamento (paredes, telhado, piso), menor infiltração de ar
Condicionamento de ar	Medidas de eficiência para ar condicionado (ex.: isolamento térmico, permutadores de calor melhores, refrigerantes avançados, motores mais eficientes) Compressores centrífugos, ventiladores e bombas eficientes e sistemas de volume de ar variável para grandes edifícios comerciais
Eletrodomésticos	Compressores avançados, isolamento a vácuo de painéis (refrigeradores), lavadoras e secadoras de roupa com alta velocidade de centrifugação
Cozinha	Melhor rendimento de fogões a biomassa, fogões a gás eficientes (ignição, queimadores)
Iluminação	Lâmpadas fluorescentes compactas, fósforos melhorados, tecnologia de reator eletrônico de estado sólido, sistemas avançados de controle da iluminação (incluindo sensores de ocupação e iluminação diurna) e iluminação de tarefa
Motores	Variadores de velocidade. Otimização de tamanho. Melhor qualidade da potência.

Outros   Sistemas de gestão de energia para edificações, uso de energia solar passiva (projeto da edificação), aquecedores de água solares

As normas legais (ex.: códigos de obras, consumidores, planejadores e decisores bem-informados; operadores motivados; incentivos de mercado, como mercado para certificados; e um sistema de pagamento adequado para a energia) são fundamentais para a implementação bem-sucedida de melhorias à eficiência energética.

As geladeiras americanas são um exemplo dos ganhos possíveis na eficiência energética. Apesar de seu tamanho ter triplicado nos últimos 50 anos, elas usam muito menos energia e custam menos. No período de 1947–2002, o tamanho das geladeiras aumentou de menos de 50 para 600 litros, enquanto o preço médio caiu dois terços, entre 1975 e 2000. O uso de energia por unidade aumentou de 400 para 1800 kWh/ano no período de 1947 a 1975 e então caiu para 462 kWh/ano, até o ano 2000.

Isso foi possível graças ao uso de materiais isolantes melhores, que minimizam as perdas de calor.

O que é *retrofit* de edifícios?

Nos países industrializados, onde a missão de oferecer moradia à grande maioria da população foi cumprida, a principal tarefa é o *retrofit*, ou reforma das edificações existentes para poupar energia. É possível obter economias de energia consideráveis nesse processo. Além de códigos de obras mais estritos para novos edifícios e exigências de manutenção para os existentes, hoje é necessária a apresentação de certificados de energia. Há ainda a concessão de incentivos financeiros (como abatimento nos impostos e financiamento) para as tecnologias mais eficientes. Com esse tipo de medida, a Suíça conseguiu economizar 50% da energia usada em edifícios comerciais ao longo de 20 anos.

Os países em desenvolvimento enfrentam um déficit habitacional enorme. Ou seja, existem oportunidades de melhoria nos métodos de construção. A experiência mostra que o custo de produzir edifícios mais eficientes não é muito maior do que o dos convencionais. A transição para a construção de edificações mais eficientes pode ser acelerada por meio de normas e códigos de obras.

Simulações ilustrativas de uma cidade "artificial" sugerem potenciais de melhoria de um fator de 2 ou mais, caso edifícios com maior eficiência energética e formas urbanas mais compactas (densidade média, no mínimo, e planos de uso misto) sejam implementados. A simulação também implica a otimização dos sistemas de energia com base na geração distribuída e na cogeração resultante de eletricidade, calor e condicionamento de ar (que agrega mais 10% a 15% de melhoria na eficiência do uso de energia em ambientes urbanos). A cogeração será discutida no Capítulo 11.

Qual é o impacto da urbanização no uso de energia?

A urbanização está aumentando drasticamente no Brasil, na China, na Índia e em outros países, onde a maior parte das novas construções ocorre no setor comercial. Na Índia, projeções indicam que o setor de construção de edifícios comerciais deve crescer 7% ao ano. A área construída total atual é de apenas 200 milhões de m^2, mas, até 2030, espera-se que 869 milhões de m^2 de espaço adicional de edifícios comerciais sejam construídos nas cidades.

Cerca de 70% da energia mundial é consumida nas cidades, embora apenas aproximadamente metade da população mundial more em cidades. Na maioria dos países em desenvolvimento, especialmente na China, os moradores das cidades usam quase duas vezes mais energia do que a média nacional, dada a sua renda maior. Nos Estados Unidos e na União Europeia, onde a distribuição de renda é mais igualitária, o consumo de energia nas cidades é ligeiramente menor do que a média nacional, pois os subúrbios e as zonas rurais são mais ricos, têm casas maiores e usam mais seus carros e caminhonetes do que as cidades.

Nas áreas urbanas, as características sistêmicas geralmente são determinantes mais importantes do uso eficiente da energia do que as características dos consumidores individuais ou artefatos tecnológicos. Por exemplo, a participação do transporte público de alta ocupação e/ou de modos de transporte não motorizados é um determinante mais importante do uso de energia no transporte urbano do que a eficiência da frota de veículos.

O processo de tornar as normas, as especificações e os códigos de obras incrementalmente mais rigorosos é um fator essencial para que a construção civil, e as cidades, de forma geral, avance em uma direção mais sustentável. Há, no entanto, o risco de "aprisionamento tecnológico" de conceitos e tecnologias obsoletos. Portanto, é essencial que os códigos de obras sejam dinâmicos, adotando continuamente o estado da arte em termos de níveis de eficiência.

Qual é o potencial da eficiência energética na indústria?

Em termos globais, a indústria representa cerca de 35% do consumo de energia e tem um potencial de 25% para ganhos de eficiência, 30% dos quais são possíveis graças ao melhor rendimento dos motores.

Existem diversas "tecnologias horizontais", tais como componentes, que são comuns em muitos setores industriais. Os exemplos incluem motores, engrenagens, compressores, caldeiras, membranas para a separação de substâncias, processadores a laser para corte e perfuração de aço e aquecimento solar para refrigeração e condicionamento de ar.

Também existem "tecnologias especializadas" para a produção de aço, produtos químicos, metais não ferrosos (como alumínio e zinco), papel e polpa, alimentos e bebidas. Essas tecnologias, como a embalagem de alimentos ou a purificação de água para a produção de cerveja, são bastante específicas e nem sempre podem ser aplicadas.

Normalmente, as indústrias nos países em desenvolvimento (como a China) não têm o mesmo desempenho que as suas equivalentes na OCDE. Mesmo as práticas de melhor desempenho ainda são piores do que os melhores métodos disponíveis. Por exemplo, no caso da produção de amônio, a intensidade energética na China é de

39 a 65, enquanto na OCDE é de 33 a 44 e a melhor prática disponível é de 19,1. A intensidade energética nesse contexto é a energia despendida para cada unidade de produto, geralmente medida em quilogramas equivalentes de petróleo por quilograma de produto.

Em diversos setores industriais, adotar as melhores tecnologias viáveis pode resultar em economias de 10% a 30% abaixo da média atual. O período de retorno para essas medidas varia entre menos de nove meses até quatro anos. Uma análise sistemática dos fluxos de materiais e de energia indica um potencial significativo para a integração de processos, bombas de calor e cogeração; por exemplo, foram observadas economias de 30% em laticínios, chocolate, amônia e cloreto de vinila.

Os padrões de gestão de energia da Organização Internacional de Padronização (ISO) tendem a ser eficazes para facilitar a eficiência do uso final industrial. A boa gestão no lado da demanda pode ser facilitada por uma combinação de medidas obrigatórias e estratégias de mercado. A ISO é uma organização internacional sediada em Genebra, fundada em 1947. É a maior desenvolvedora e editora mundial de normas internacionais, formando uma rede de 170 países e aprovando normas internacionais em todas as áreas técnicas.

Qual é o potencial da eficiência energética no transporte?

O setor de transporte como um todo foi responsável por 27% do consumo de energia mundial em 2008 (em 1971, respondia por 23%). Nos países da OCDE, transporte consumia 33% em 2008 (e 24% em 1971). Nos países de fora da OCDE, 18% em 2008 (e 13% em 1971).

A eficiência mecânica, atualmente de 40%, pode ser melhorada por meio da redução da potência necessária para o motor. Isso pode ser alcançado com menos resistência do ar, menor atrito de rolamento, menos peso, menor atrito na transmissão e menos cargas de acessórios nos veículos. Aumentar a eficiência mecânica média real para aproximadamente 65% parece factível. A eficiência térmica, por outro lado, é limitada pelas leis da termodinâmica a menos de 40%.

A eficiência mecânica dos automóveis americanos típicos é de cerca de 35% em uso urbano e de cerca de 50%, na estrada. A eficiência mecânica geral média é de cerca de 40%, sendo menor para automóveis de alta potência e maior para os de baixa potência.

Melhorar a eficiência mecânica de uma determinada carga exige que a potência necessária para operar o motor seja reduzida, especialmente a energia usada para bombear, superar o atrito e mover os acessórios do motor. Existem muitas estratégias nesse sentido: tamanho do motor, as próprias fontes do atrito e a velocidade do motor. O motor Otto a gasolina, com ignição por centelha elétrica, usado na atualidade, tem baixo custo e alta relação peso/potência, o que o torna de difícil substituição por outros tipos de motor.

Jogando contra as melhorias no sistema de transporte atual está o fato de que avanços no *design* de motores e de veículos para garantir mais eficiência energética são inibidos pela resistência dos clientes. Entre os fatores de resistência estão atratividade visual, segurança, capacidade, desempenho e conforto (até luxo). A segurança é aspecto crucial, que precisa ser considerado no desenvolvimento de projetos com maior eficiência energética: diversos autores argumentam que automóveis menores e mais eficientes aumentam o número de mortes nas estradas.

Por esses motivos, a potência máxima dos novos automóveis aumentou nos últimos anos: a relação potência/peso dos novos automóveis aumentou de apenas 70 HP/1.000 kg para 90 HP/1.000 kg, embora a alta potência seja necessária apenas em condições incomuns de uso do automóvel, como aceleração à alta velocidade e em estradas montanhosas. Alguns governos tentaram combater essa tendência com impostos sobre a gasolina, mas os fabricantes se opuseram sistematicamente a essas medidas, adotando uma estratégia de maior economia de combustível em vez de pagar um pequeno imposto sobre carros "beberrões".

Os países em desenvolvimento apresentam alguns obstáculos específicos à melhoria da eficiência dos seus sistemas de transporte. Em muitos países, as maiores montadoras do mundo, incluindo General Motors, Chevrolet, Renault, Volkswagen, Fiat, Mercedes Benz e Scania, estabeleceram subsidiárias nas quais automóveis e caminhões são fabricados ou montados. Os veículos são basicamente idênticos aqueles produzidos nos países de origem dos fabricantes. Apesar disso, esses automóveis e caminhões geralmente têm rendimento entre 20% e 50% inferior aos de seus equivalentes nos países industrializados, em grande parte pelas práticas de manutenção inferiores, pelos combustíveis de baixa qualidade e pelas estradas em mau estado de conservação.

No setor marítimo, uma combinação de medidas técnicas para aplicar conhecimento de ponta ao projeto e manutenção de cascos e hélices poderia reduzir o consumo de energia em 4% e 20% nos navios antigos e 5% e 30% nos novos. Reduzir a velocidade à qual a embarcação opera leva a benefícios significativos em termos de consumo de energia. Por exemplo, reduzir a velocidade do navio de 26 para 23 nós pode significar uma economia de combustível de 30%. Um nó é igual a uma milha náutica (1,852 km) por hora.

O que é o efeito "rebote"?

No curto prazo, no nível do consumidor, os esforços de conservação de energia claramente valem a pena em termos financeiros; da mesma forma, as indústrias que fabricam produtos com uso intensivo de energia podem aumentar seus lucros significativamente com a redução do consumo de energia.

Contudo, a economia no consumo de energia pode levar a atividades adicionais, seja pelo maior uso do mesmo produto, seja pelo aumento de outras ações que utilizam energia, ou seja, pode gerar um efeito "rebote". Por exemplo, como *efeito rebote direto*, o proprietário de um automóvel pode dirigir por mais tempo um automóvel com melhor rendimento do que dirigiria um que gastasse mais combustível. Um exemplo de *efeito rebote indireto* seria o consumidor usar o dinheiro poupado pelo automóvel mais eficiente para comprar um segundo carro. Ocorrem efeitos semelhantes na energia consumida em edifícios. Também há *efeitos na economia como um todo*, pois novas tecnologias criam possibilidades de produção e aumentam o crescimento econômico.

Há muitos estudos sobre o tema e a magnitude do efeito rebote pode variar entre 0% e 50%, dependendo do setor. Os valores típicos para o aquecimento de ambientes são de 10% a 30%; para o resfriamento de ambientes, de 0% a 50%; para iluminação, de 5% a 20%; para aquecimento de água, de 10% a 40%; e para iluminação residencial, de 5% a 12%.

Para os automóveis, uma melhoria de 10% no rendimento leva a um aumento médio de 2% na distância percorrida. Para os eletrodomésticos (ou "produtos de linha branca"), os efeitos indiretos levaram a um efeito rebote de 90% nas compras de grandes unidades com mais recursos, de acordo com alguns estudos. Essas porcentagens não refletem os efeitos na economia como um todo.

O efeito rebote da economia decorrente da eficiência energética pode não ser suficiente para reduzir o aumento no consumo total em uma sociedade com população e renda crescentes. Nesse caso, os ganhos de eficiência acabam compensados pelo aumento no consumo de energia e nas emissões de carbono.

11
Novas tecnologias

O que é cogeração?

Os dispositivos de cogeração ou CHP (*combined heat and power* — sistema combinado de geração de calor e energia) permitem a produção simultânea de energia térmica e elétrica em sistemas de energia. Em geral, recuperam e utilizam o calor rejeitado de uma usina termelétrica a carvão.

Esses sistemas são amplamente utilizados na Europa Oriental para distribuir água quente (a temperaturas entre 80°C e 150 °C) para casas, apartamentos e até para bairros inteiros, usando o calor gerado em uma estação central. Assim, esses sistemas são chamados de "aquecimento distrital". O calor a temperaturas moderadas também pode ser utilizado em refrigeradores por absorção para arrefecimento. Uma usina que produz eletricidade, calor e gás é chamada de usina de trigeração ou de poligeração.

Onze por cento da geração de eletricidade na União Europeia utiliza cogeração, mas há grandes diferenças entre os Estados-membros, que variam de 2% a 60%.

No Brasil, a cogeração é bastante utilizada em instalações industriais que usam o bagaço da cana-de-açúcar, produzida após o caldo de cana ser extraído e convertido em açúcar ou em etanol. O bagaço é um biocombustível sólido que pode ser consumido para produzir o calor e a eletricidade necessários no processo industrial de produção de açúcar ou de etanol. Nas eficientes instalações modernas, o bagaço excedente é usado para produzir eletricidade, posteriormente vendido para a rede elétrica.

Qual é o papel das novas tecnologias para os combustíveis fósseis?

Vivemos uma revolução tecnológica na geração de energia, em que sistemas avançados substituem as tecnologias de turbinas a vapor. As usinas de ciclo combinado a gás natural oferecem custos baixos, alto rendimento e baixo impacto ambiental, e são utilizadas sempre que há disponibilidade de gás natural. Em alguns países, estão até substituindo grandes projetos de hidreletricidade. A cogeração (ou seja, a entrega combinada de calor e energia ou CHP) baseada em turbinas a gás e ciclos combinados tem melhor eficiência de custos e pode desempenhar um papel muito maior na economia da energia do que a cogeração com turbinas a vapor, pois os ciclos combinados aproveitam o calor rejeitado, ao contrário das turbinas a vapor. Os motores recíprocos e as tecnologias emergentes de microturbinas e células de combustível também são importantes para a cogeração em escalas menores, incluindo edifícios comerciais e residenciais. A gaseificação do carvão por oxidação parcial com oxigênio para produzir gases sintéticos (principalmente óxido de carbono e hidrogênio), conhecidos pelo nome "gás de síntese", "gás sintético" ou *syngas*, possibilita a produção de eletricidade por usinas de gaseificação integrada ao ciclo combinado, com altos rendimentos e emissões de poluentes atmosféricos quase tão baixas quanto as dos ciclos combinados de gás natural. Essas usinas são conhecidas pela cicla IGCC (*integrated gasifier combined cycle* — gaseificação integrada ao ciclo combinado). Hoje a energia das usinas de cogeração por IGCC seria competitiva com a energia de usinas a carvão ou a vapor, tanto em configurações de cogeração quanto de apenas geração de energia.

Combustíveis sintéticos limpíssimos derivados de gás de síntese, como destilados médios sintéticos e dimetil éter, poderão, no futuro próximo, ter papéis significativos na complementação de combustíveis líquidos convencionais (para transporte, cozinha, geração de energia em períodos de pico, etc.). Eles podem atender às preocupações com a segurança do abastecimento de petróleo e facilitar a implementação de regulamentações de poluição atmosférica mais rígidas. Esses combustíveis muitas vezes podem ser produzidos para os mercados globais a um custo competitivo a partir dos enormes suprimentos de gás natural de baixo custo que seriam apenas ativos encalhados em locais remotos. Em regiões ricas em carvão, mas com poucos recursos de gás natural, uma estratégia promissora para a produção desses combustíveis passa pela gaseificação do carvão e pela "poligeração" — a coprodução de diversas combinações de combustíveis limpos, produtos químicos e eletricidade.

Esses sistemas podem incluir a produção de gás de síntese adicional para a distribuição, por meio de gasodutos, para sistemas de cogeração em pequena escala em fábricas e edifícios, o que permitiria o uso limpo e eficiente do carvão, tanto em pequena quanto em grande escala. As atividades de poligeração estão crescendo rapidamente em diversos países com base na gaseificação de insumos petrolíferos de baixa qualidade.

O que é captura e armazenamento de carbono?

A captura e armazenamento de carbono (CCS — *carbon capture and storage*) é uma tecnologia para capturar os gases de CO_2 emitidos pelas usinas de energia e enterrá-los no solo sob altas pressões, em depósitos esgotados de gás natural, petróleo ou carvão, cavernas naturais, aquíferos salinos ou no oceano profundo. Se não houver vazamentos, estes podem ser considerados reservatórios permanentes.

Essas tecnologias foram utilizadas no passado para recuperação melhorada de petróleo (EOR — *enhanced oil recovery*), na qual o CO_2 é bombeado para os reservatórios para extrair petróleo que não esguicharia naturalmente do solo. Temos quase 40 anos de experiência com a recuperação melhorada de petróleo, e no momento aproximadamente 40 milhões de toneladas de CO_2 são utilizadas para esse fim.

Cerca de um terço de todas as emissões de CO_2 de fontes de energia baseadas em combustíveis fósseis são oriundas de usinas termelétricas. A ideia de capturar o CO_2 dos gases emitidos pelas chaminés das usinas de energia não se originou de preocupações com o efeito estufa e sim como uma possível fonte de gás carbônico comercial (por exemplo, para uso em indústrias de refrigerantes e de gelo seco). Diversas usinas de recuperação de CO_2 foram construídas e operadas nos Estados Unidos, mas a maioria fracassou economicamente e foi fechada quando o preço do petróleo bruto despencou, na década de 1980.

Uma vez que o CO_2 é capturado, o problema é removê-lo. Seu uso comercial é extremamente limitado e, logo, não há incentivo econômico para capturar grandes quantidades de CO_2. Além disso, há o risco de o CO_2 vazar de volta para a atmosfera. Em altas concentrações, o CO_2 é tóxico e pode causar mortes, como ocorreu em Camarões, no ano de 1986, quando o vazamento de CO_2 de origem vulcânica no Lago Nyos matou mais de 1.700 pessoas, além de gado e animais silvestres. Os processos de captura de CO_2 normalmente exigem grandes quantidades de energia, o que reduz o rendimento de conversão da usina e a energia disponível e, logo, aumenta a quantidade de CO_2 produzida por unidade de energia gerada.

Embora a tecnologia de CCS normalmente esteja ligada a usinas termelétricas a carvão e gás natural, nada impede que seja aplicada à geração de energia à base de biomassa (como no caso do bagaço da cana-de-açúcar). Nesse caso, as emissões líquidas de CO_2 seriam negativas, pois o carbono na atmosfera é sintetizado nas plantas, transformado em energia e injetado no subterrâneo.

Encontrar reservatórios adequados para o armazenamento de CO_2 não é um problema trivial e, na prática, pode apresentar grandes dificuldades. Uma possibilidade seria transportar o CO_2 da fonte até o depósito final por uma rede de gasodutos (o que causaria problemas com os proprietários das terras e em áreas ecologicamente sensíveis) ou por rodovias ou ferrovias (o que sobrecarregaria a infraestrutura de transporte e exigiria mais energia).

O custo de capturar e armazenar o CO_2 das usinas termelétricas a carvão é considerável. Embora alguns projetos-pilotos estejam em operação, existem estimativas de que o custo da eletricidade para a operação de projetos de CCS em escala industrial aumentaria em, no mínimo, 50% a 100%. Considerando as emissões durante todo o ciclo de vida das unidades, a tecnologia de CCS poderia reduzir as emissões de CO_2 pelo uso de combustíveis fósseis de fontes estacionárias em cerca de 65% a 85%. Estima-se que os custos de capturar e armazenar o CO_2 fiquem na faixa entre US$ 30 e mais de US$200 por tonelada de CO_2, dependendo da disponibilidade de locais para armazenamento e as características desses locais. Se for necessário transportar o CO_2 em dutos por longas distâncias, os custos sobem ainda mais.

Qual é o futuro do transporte?

O aumento no uso de automóveis parece ser inevitável, mas seu uso excessivo é um problema, não uma solução, para a mobilidade urbana.

Hoje, há quase 1 bilhão de automóveis em circulação no mundo, mas o número de veículos por 1.000 pessoas varia bastante. Nos Estados Unidos, há quase 800 carros por 1.000 pessoas, enquanto o número da OCDE é de aproximadamente 500 carros por 1.000 pessoas. Se o uso de automóveis nos países em desenvolvimento, atualmente em torno de 100 carros por 1.000 pessoas, atingir os níveis da OCDE ou dos EUA, os problemas relativos ao meio ambiente, infraestrutura e uso do solo se tornarão insolúveis.

Do ponto de vista da organização social, a melhor solução para a mobilidade urbana é o transporte público. Os corredores de ônibus e a gestão de trânsito são soluções relativamente rápidas e baratas. O transporte não motorizado pode ser estimulado nos bairros e comunidades.

Do ponto de vista da tecnologia, o futuro do transporte depende de melhorias no rendimento dos motores atuais e na transição para os motores elétricos, com um período de transição dos híbridos. O biocombustível também pode ser uma solução, ainda que parcial, para o problema de substituição dos combustíveis fósseis.

O gás natural, o gás liquefeito de petróleo e o hidrogênio são alternativas para o transporte?

O gás natural é um dos combustíveis alternativos e, em comparação com a gasolina, seu uso pode levar a uma redução de até 70% nas emissões de CO_2 e eliminar as emissões de material particulado e SO_x. Tanto o gás liquefeito de petróleo (GLP) quanto o gás natural comprimido (GNC) têm uma razão hidrogênio/carbono maior do que a gasolina e, portanto, emitem menos CO_2 por unidade de energia. Além disso, sua maior octanagem permite o uso sob maior compressão. Embora não sejam necessárias alterações significativas nos motores para permitir o uso de GLP ou GNC, é preciso tomar precauções para impedir que as emissões de NO_x e de hidrocarbonetos aumentem consideravelmente, por conversões inadequadas.

O hidrogênio também é um portador importante de energia e pode ser usado em veículos de emissões ultrabaixas. O armazenamento de hidrogênio é um problema, pela baixa densidade de energia. Hidrogênio comprimido é a forma mais viável, mas também é possível armazená-lo na forma líquida ou utilizar hidratos metálicos. Também há pesquisas na área de células de combustível à base de hidrogênio. Embora os defensores afirmem que o elemento não é mais perigoso do que a gasolina, quando manuseado corretamente, o hidrogênio é um gás altamente explosivo e, portanto, é preciso resolver os problemas de segurança antes que ele possa conquistar a aceitação do público.

Em relação à compatibilidade com a infraestrutura existente (produção, armazenamento e distribuição), o hidrogênio exigiria mudanças bastante significativas. No momento, a fonte mais provável de hidrogênio é o gás natural. Os produtores de carvão também têm forte interesse pela economia do hidrogênio, ainda que, no futuro, ele possa ser produzido a partir da biomassa, uma fonte renovável.

Os veículos elétricos são viáveis?

Os veículos elétricos que utilizam baterias geram muito interesse nos dias de hoje, especialmente nos ambientes urbanos. Uma vez que a eletricidade que os aciona vem de fontes não fósseis, seu uso pode resultar em reduções significativas nas emissões de gases do efeito estufa. O principal obstáculo à sua implementação generalizada é o estado atual da tecnologia de baterias químicas, que permite apenas veículos pesados, de alto custo e com alcance limitado. Além disso, enquanto um automóvel a gasolina pode ser abastecido em poucos minutos, a recarga da bateria de veículos elétricos geralmente exige várias horas. A introdução de veículos elétricos em larga escala exigiria mudanças enormes na infraestrutura do sistema de distribuição de energia, nos automóveis e na indústria de geração de energia.

Os veículos híbridos, por sua vez, rodam com uma combinação de baterias, que energizam o sistema de propulsão, e um pequeno motor de combustão interna a gasolina, óleo diesel ou biocombustíveis, que recarrega as baterias. A frenagem regenerativa também ajuda na recarga das baterias. Baterias de íon de lítio, mais leves e duradouras, estão sendo desenvolvidas para substituir as baterias de chumbo-ácido tradicionais dos automóveis.

Com os veículos híbridos, é possível obter uma economia de combustível de até 50% e uma redução de até 70% nas emissões. A grande vantagem dessa tecnologia é que o pequeno motor a gasolina trabalha com rotação e velocidade constantes, o que economiza combustível e reduz os níveis de ruído e de poluição. Os veículos híbridos podem atingir até 40% de rendimento (30 km/litro).

Os veículos híbridos elétricos (HEVs — *hybrid electric vehicles*) oferecem menos emissões e melhor economia de combustível, 30% a 50% superior aos veículos convencionais comparáveis. Os veículos híbridos *plug-in* (PHEVs — *plug-in hybrid electric vehicles*) são o próximo passo, com o potencial de oferecer transporte com zero emissões, dependendo da autonomia do veículo. Veículos elétricos a bateria (VEBs) com alta eficiência, mas pouca autonomia e bateria de pouca duração, têm penetração de mercado limitada no momento. Aumentar o desempenho de baterias de alta energia para PHEVs poderia aumentar a penetração de mercado dos VEBs. Obviamente, ainda restaria o problema de gerar eletricidade para carregar as baterias; se essa eletricidade for gerada em usinas que utilizam combustíveis fósseis, o uso de VEBs apenas transferirá a fonte das emissões dos veículos (automóveis ou caminhões) para as usinas de energia.

O que são células de combustível?

As baterias de combustível ou células de combustível produzem energia por meios eletroquímicos, em contraste com os processos de combustão nos motores convencionais. O hidrogênio reage com o oxigênio para formar água e gerar eletricidade. Existem diferentes tipos de células de combustível; o principal candidato para uso em automóveis se baseia na membrana trocadora de prótons (também chamada de célula de combustível de eletrólito polimérico sólido), dado o seu menor custo, tamanho adequado, projeto simples e capacidade de operar sob baixas temperaturas.

As baterias de células de combustível utilizam hidrogênio, que pode ser gerado no próprio automóvel a partir de etanol, metanol ou gás natural.

As células de combustível são muito mais eficientes do que os motores de combustão interna e, como o combustível é convertido por meios eletroquímicos, não emitem gases poluentes. Amplamente utilizadas no programa espacial americano, até recentemente seu alto custo e seu tamanho impediam o uso em automóveis. Inovações importantes nos últimos 10 anos transformaram a situação, tornando as células uma das tecnologias mais promissoras para o futuro próximo.

Quanto avançou o armazenamento em baterias?

Em 1859, o físico francês Gaston Planté inventou a primeira bateria de chumbo-ácido usando duas folhas de metal separadas por um pedaço de linho e suspensas em uma solução de ácido sulfúrico em uma jarra de vidro. As baterias amplamente utilizadas nos dias de hoje são, em sua essência, variações da invenção original de Planté.

O maior avanço no projeto de baterias desde Planté ocorreu nos Estados Unidos, em 1977. A Exxon desenvolveu e comercializou a bateria de íon de lítio, composta de dois eletrodos separados por um eletrólito, muitas vezes um polímero em gel. Enquanto a bateria é carregada, os íons de lítio migram do eletrodo positivo, feito de materiais baseados em lítio, através do eletrólito até o eletrodo negativo, geralmente feito de carbono. Enquanto descarrega, os íons fluem em um circuito externo ligado à bateria. Os eletrodos positivos são em geral feitos de fosfato de ferro-lítio.

As baterias de íon de lítio recarregáveis se tornaram a tecnologia de armazenamento de energia mais importante para aplicações portáteis nos últimos anos. Elas têm eficiência de 90% a 95% e sua densidade de energia é superior a todas as outras baterias recarregáveis comerciais, na faixa de 250 a 350 watt-hora/litro (100–200 watt-hora/quilograma). As baterias de chumbo-ácido têm capacidade de 50 a 100 watt-hora/litro (5 a 50 watt-hora/quilograma).

As baterias de íon de lítio normalmente são produzidas em módulos de 6,2 quilowatt-hora, que podem ser combinados para somar vários megawatt-horas de eletricidade. Alguns dos casos elétricos atuais no mercado operam a 24 quilowatt-hora. Os módulos podem ser carregados em até 30 minutos.

As propriedades das baterias de níquel-cádmio e de níquel-hidreto metálico são intermediárias entre as de chumbo-ácido e íon de lítio.

Qual é o papel do armazenamento de energia?

Energias renováveis, como eólica e solar, têm disponibilidade apenas intermitente, de modo que é necessário ter uma maneira de estocar a eletricidade que geram.

Entre as muitas tecnologias de armazenamento de energia disponíveis, a energia hidrelétrica reversível tem a maior potência nominal (cerca de 1.000 MW) e tempo de descarga (100 horas). O armazenamento de energia de ar comprimido (CAES — *compressed air energy storage*) está em segundo lugar, com potência nominal de 1 a 100 MW e tempo de descarga de 1 a 10 horas. O íon de lítio e diversas outras baterias têm potência nominal entre 0,01 e 1 MW e tempos de descarga de 0,1 a 10 horas.

A tecnologia de armazenamento mais utilizada é o armazenamento de energia de ar comprimido (Caes). Houve progresso no uso de Caes adiabático, permitindo que o calor gerado durante a compressão seja armazenado e reutilizado durante a descompressão, o que aumenta consideravelmente a eficiência do sistema. Para nivelamento de carga, o ar comprimido armazenado em grandes cavernas salinas subterrâneas parece uma opção econômica e tecnicamente viável. O custo do armazenamento de longo prazo com hidrogênio é baixo, pois o material tem altíssima densidade de energia.

Os sistemas hidrelétricos são a opção mais econômica, mas devido às condições geográficas e à aceitação do público, o potencial da energia hidrelétrica reversível é limitado.

Qual é o papel da transmissão de eletricidade a longas distâncias?

A transmissão de eletricidade permite a combinação de diversas fontes de energia renovável, mesmo em nível transcontinental, e pode interligar áreas com grandes recursos de energia renovável e regiões com alta demanda de eletricidade. A tecnologia convencional de transmissão em corrente alternada não é adequada à transmissão de eletricidade a distâncias maiores do que 500 km, mas a tecnologia de corrente contínua em alta tensão (HVDC — *high voltage direct current*) pode ser utilizada para ligar, por exemplo, os vastos recursos do Cinturão do Sol mundial com os centros de demanda, o que facilitaria a provisão de eletricidade solar despachável em grandes quantidades.

Diversas empresas estão considerando seriamente cobrir grandes áreas do Deserto do Saara com células fotoelétricas e transmitir a eletricidade através de HVDC por milhares de quilômetros até a Europa. A transmissão de eletricidade por distâncias tão extensas não é comum.

Uma das vantagens da HVDC é o baixo custo para a transmissão de altíssima potência por distâncias muito longas, na faixa de 0,5 a 1,5 €ct/kWh. As perdas incorridas na transmissão de energia a uma distância de 1.000 km totalizam cerca de 3%. Os sistemas atuais de HVDC têm potência máxima de 3.000 MW e distâncias de transmissão de cerca de 1.000 km. Um novo tipo de conversor, batizado de HVDC Light, foi introduzido no final da década de 1990. Ao contrário dos cabos de CA, não há restrição física que limite a distância ou nível de potência dos cabos subterrâneos ou subaquáticos de HVDC. Há um mercado emergente para essa nova tecnologia na transmissão de energia subaquática (de parques eólicos, por exemplo), para fortalecer a rede elétrica em áreas nas quais não há linhas de transmissão aéreas.

O que são redes elétricas inteligentes?

As redes elétricas inteligentes consistem em um sistema de monitoramento que registra e controla toda a eletricidade que flui em um sistema. São capazes de integrar fontes de energia renovável intermitentes, como solar e eólica, e acionar eletrodomésticos, como lavadoras de roupa ou outros equipamentos elétricos.

As redes elétricas do século XX eram capazes apenas de transmitir eletricidade de algumas poucas usinas de energia para grande número de usuários. Era um sistema unidirecional. As redes inteligentes são bidirecionais, capazes de aceitar e redirecionar a eletricidade de e para muitas fontes descentralizadas, incluindo residências com painéis solares no telhado. Durante o dia, enquanto o Sol está no céu, as casas podem mandar energia para a rede; à noite, ou quando nuvens cobrem a luz solar, a rede devolve eletricidade para as residências, permitindo a compensação da energia elétrica consumida.

Redes elétricas inteligentes capazes de comunicação por redes sem fio também poderão substituir os medidores de energia elétrica manuais.

Qual é o potencial da biomassa?

A conversão de luz solar em energia química sustenta praticamente toda a vida vegetal e animal da Terra. Estima-se que 20 bilhões de toneladas de carbono sejam armazenadas, por ano, pela fotossíntese das plantas terrestres, e outras 13 bilhões de toneladas secas, nas plantas oceânicas. A biomassa é um dos recursos energéticos mais antigos da humanidade, e ainda representa aproximadamente 10% do consumo de energia primária global. Até um terço da população terrestre utiliza madeira, resíduos agrícolas, esterco e outros resíduos domésticos para suprir suas necessidades energéticas. Estima-se que os usos tradicionais de biomassa representem mais de 60% da contribuição da biomassa para o suprimento de energia global, a maior parte da qual ocorre fora da economia de mercado formal, predominantemente nos países em desenvolvimento. Estima-se que os usos modernos de biomassa para gerar eletricidade e calor ou como fonte de combustíveis para o transporte representem menos de 40% do consumo de energia de biomassa total do planeta.

Os usos modernos da biomassa, no entanto, oferecem uma gama de possibilidades muito maior para reduzir a dependência dos combustíveis fósseis, conter as emissões de gases do efeito estufa e promover o desenvolvimento econômico sustentável. Diversas tecnologias energéticas baseadas em biomassa, adequadas para aplicações de pequena e larga escala, estão disponíveis, incluindo gaseificação, sistemas combinados de geração de calor e energia (cogeração), metano de aterros sanitários, recuperação de energia de resíduos sólidos municipais ou biocombustíveis para o setor de transporte (etanol e biodiesel). O interesse recente pela energia de biomassa concentrou-se principalmente em aplicações que produzem combustíveis líquidos para o setor de transporte. Dadas as preocupações crescentes com os suprimentos globais de petróleo e a atual falta de diversidade nas opções de combustível disponíveis para o setor de transporte, tais combustíveis representam o uso mais valioso possível da energia de biomassa no momento. Em última análise, todas as aplicações de biomassa mais promissoras tendem a envolver sistemas integrados, nos quais, por exemplo, a biomassa é usada como combustível e como matéria-prima na coprodução de eletricidade e combustíveis líquidos para o transporte.

O etanol é um bom substituto para a gasolina?

O etanol (C_2H_6O) é um combustível utilizado principalmente em motores baseados no ciclo de Otto, como substituto para a gasolina. Em contraste com o metanol, um produto tóxico obtido do carvão e de outras fontes fósseis, o bioetanol é um combustível bastante limpo e renovável. A forma tradicional de produzir etanol é por processos de fermentação e destilação do açúcar. O método é normalmente chamado de tecnologia de primeira geração. O etanol também pode ser obtido de fontes fósseis por meio de processos mais sofisticados (como o processo de Fischer–Tropsch, um conjunto de reações químicas que converte um misto de monóxido de carbono e hidrogênio em hidrocarbonetos líquidos) ou hidrólise ácida ou enzimática de materiais celulósicos, considerados tecnologias de segunda geração. Os benefícios locais do uso de bioetanol como combustível ficam evidentes na cidade de São Paulo, onde o uso generalizado de etanol reduziu as emissões de chumbo, enxofre, monóxido de carbono e material particulado, o que melhorou significativamente a qualidade do ar. Além disso, o uso de etanol gera benefícios globais na forma de menos emissões de CO_2. Atualmente, o etanol substitui aproximadamente 50% da gasolina que seria consumida no Brasil.

O governo brasileiro incentivou a produção de etanol a partir da cana-de-açúcar e a adaptação de motores baseados no ciclo de Otto para funcionarem com etanol "puro" (álcool hidratado com 96% de etanol e 4% de água) ou gasool (uma mistura de 78% de gasolina e 22% etanol anidro). Os dois tipos de motores foram substituídos recentemente pelos veículos flex (FFVs — *flex-fuel vehicles*). A tecnologia FFV utiliza sensores eletrônicos para identificar qual mescla de gasolina e etanol entra no sistema de injeção do veículo e ajusta as condições de combustão. Com o veículo flex, os consumidores têm total liberdade de escolha, determinada principalmente pelo preço nos postos de combustível. Avanços recentes tornaram a tecnologia flex relativamente barata (representando um custo adicional de US$ 100 ou menos por automóvel), com emissões próximas às da gasolina, ou até menores. Hoje, mais de 95% dos carros vendidos no Brasil são veículos flex.

Qual é o potencial do biodiesel?

Em 1912, Rudolf Diesel, afirmou que "o uso de óleos vegetais como combustíveis para motores pode parecer insignificante hoje, mas no devido momento tais óleos se tornarão tão importantes quanto o petróleo e os produtos do alcatrão de hulha do presente".

A produção de biodiesel se baseia na transesterificação de gorduras e óleos vegetais pela adição de metanol (ou outros álcoois) e de um catalisador. O glicerol é um coproduto do processo. As características dos combustíveis de biodiesel variam significativamente com a tecnologia de produção e a matéria-prima utilizadas.

O biodiesel é um combustível substituto para o diesel convencional que pode ser utilizado em motores de ignição por compressão. O biodiesel é produzido a partir de fontes renováveis e não baseadas em petróleo, como óleos vegetais (óleos de soja, mostarda, mamona, canola e palma), gorduras animais (miúdos de frango, sebo bovino, óleos de peixe) e graxas e óleos de cozinha usados (de restaurantes e indústrias). A produção de biodiesel com insumos não alimentícios está gerando bastante interesse. Nos Estados Unidos e na União Europeia, o biodiesel baseado em algas promete altíssimos rendimentos por área: 15 vezes mais do que o óleo de palma, 60 vezes mais do que a canola e 200 vezes mais do que a soja.

A produção de biodiesel depende da disponibilidade de matéria-prima e de solo, mais do que a produção de bioetanol. Embora o biodiesel seja considerado um combustível "renovável", um dos materiais necessários para a sua fabricação é o metanol produzido a partir do gás natural, que é um combustível fóssil. Os processos avançados incluem a substituição do metanol de origem fóssil pela tecnologia de Fischer–Tropsch.

O biodiesel normalmente é considerado "livre de enxofre", a menos que o biocombustível seja produzido pela catálise com ácido sulfúrico. Os biocombustíveis são higroscópicos e facilmente biodegradáveis, o que pode ser uma vantagem ambiental, mas também podem ser difíceis no que diz respeito ao controle de qualidade, especialmente quando armazenados em locais quentes e úmidos. Em termos gerais, a combustão de biodiesel produz menos poluentes do que os combustíveis fósseis convencionais, com exceção do NO_x.

Na Indonésia e na Malásia, o biodiesel de óleo de palma foi altamente criticado por ser responsável pelo desmatamento das florestas tropicais nativas, causando perdas de biodiversidade e alterações no uso do solo, além de emissões de gases do efeito estufa. Essas críticas parecem exageradas, pois menos de 10% do óleo de palma produzido atualmente é usado para a produção de biodiesel.

Há competição entre bioenergia e alimentos?

O aumento dos preços dos produtos agrícolas entre 2000 e 2008, após várias décadas de quedas dos preços reais, é visto por muitos como uma causa da fome e levou a uma controvérsia política em torno da ideia de combustível *versus* alimentos.

Há quem defenda que a competição entre terras para combustíveis (a saber, etanol) e terras para alimentos, tanto nos Estados Unidos quanto na Europa, é uma das causas da fome no mundo e leva indiretamente ao desmatamento na Amazônia e em outras regiões tropicais. Em geral, os preços dos cereais mais do que dobraram desde janeiro de 2006, com mais de 60% do aumento tendo ocorrido desde janeiro de 2008, acompanhando de perto o preço do petróleo. Mais recentemente, no entanto, o preço dos produtos agrícolas diminuiu, após a queda no preço do petróleo. Em contraste, outros autores observam que a alta dos preços dos alimentos não prejudica necessariamente as populações carentes; muitos dos 800 milhões de subnutridos em todo o mundo são agricultores e trabalhadores agrícolas, que poderiam se beneficiar com o aumento dos preços.

Para manter a questão em perspectiva, é importante lembrar que, mundialmente, 93 milhões de hectares são utilizados para o cultivo de soja e 148 milhões para o de milho. No Brasil, o bioetanol é produzido principalmente a partir da cana-de-açúcar, em mais de 5 milhões de hectares; nos Estados Unidos, o maior produtor de bioetanol da atualidade, o combustível é produzido a partir do milho, o que utiliza mais de 11 milhões de hectares. Na Europa, o etanol é feito principalmente de beterraba-sacarina e trigo. A China, na terceira posição, produz etanol à base de milho e trigo.

Mundialmente, 1,5 bilhão de hectares de terra arável já são utilizados para a agricultura, e outros 440 milhões de hectares podem estar disponíveis, incluindo 250 milhões de hectares na América Latina e 180 milhões na África. A área utilizada para biocombustíveis atualmente representa menos de 1% da área cultivada; mesmo que aumentasse por uma ordem de magnitude, a expansão não causaria grandes perturbações. O problema foi analisado em detalhes em diversos relatórios, especialmente os do Banco Mundial, que observou que diversos fatores individuais levaram ao aumento dos preços dos cereais, não apenas a produção de biocombustível. Os fatores incluem a alta dos preços de energia e de fertilizantes, a desvalorização contínua do dólar, a seca na Austrália, a demanda crescente por cereais (especialmente na China), mudanças nas políticas de importação e exportação de alguns países, atividade especulativa no comércio de futuros de *commodities* e problemas regionais causados pelos subsídios para a produção de biocombustíveis nos Estados Unidos e na Europa. A produção de biocombustível não parece ter sido um fator particularmente importante para o rápido aumento dos preços de cereais em 2008.

Também há quem defenda que o desmatamento da Amazônia pode ser atribuído, direta ou indiretamente, à produção de biocombustíveis no sudeste do Brasil. A afirmação está claramente incorreta: os índices de desmatamento históricos na Amazônia são de 0,5 a 1 milhão de hectares por ano e têm diminuído, apesar da expansão das plantações de cana-de-açúcar no sudeste brasileiro. Na realidade, o desmatamento da Amazônia tem causas complexas, a principal das quais é a expansão da pecuária e do cultivo de soja, ambos não relacionados à expansão do plantio de cana-de-açúcar.

12
Políticas

Quais são as metas políticas para a energia renovável?

No início de 2010, as metas de políticas para a introdução de energias renováveis em nível nacional existiam em ao menos 85 países, incluindo todos os 27 Estados-membros da União Europeia. Havia ainda diversas metas nacionais para a participação de fontes de energia renovável na produção de eletricidade, variando entre 2% e 30%. Existiam outras metas para a participação no suprimento de energia primária ou final total, capacidade instalada específica para diversas tecnologias ou quantidades totais de produção de energia de fontes renováveis, incluindo aquecimento. Muitos países também possuíam metas para biocombustíveis.

O objetivo da União Europeia era que 20% do seu consumo de energia final bruto e 10% da energia de transporte de cada Estado--membro viesse de fontes renováveis até 2020.

O que são mandatos de biocombustível?

Até 2010, 31 países haviam adotado mandatos de biocombustíveis para etanol (misturado com gasolina) e biodiesel (misturado com óleo diesel). No caso do etanol, os mandatos normalmente variam entre 10% e 25%; para o biodiesel, entre 2% e 10%, geralmente devendo ser cumpridos até 2022.

No Brasil, atualmente está em vigor um mandato de E25 para o etanol, o que significa que uma mistura de 25% de etanol e 75%

de gasolina convencional é usada em todo o país. Além disso, há um mandato de B5 para o biodiesel, o que significa uma mistura de 5% de biodiesel e 95% de óleo diesel convencional estará em uso até 2013.

Até 2010, 30 outros países (Alemanha, Argentina, Austrália, Bélgica, Bolívia, Canadá, República Tcheca, China, Colômbia, Coreia do Sul, Costa Rica, Espanha, Estados Unidos, Etiópia, Filipinas, Finlândia, Índia, Itália, Malásia, Noruega, Países Baixos, Panamá, Paquistão, Paraguai, Peru, Portugal, Reino Unido, República Dominicana, Tailândia e Uruguai) adotaram mandatos de etanol e/ou biodiesel.

Se somarmos a quantidade de etanol necessária para cumprir os mandatos de etanol até 2022, chegamos a aproximadamente 200 bilhões de litros por ano. A produção atual, baseada em tecnologias de primeira geração, é de cerca de 70 bilhões de litros (principalmente nos Estados Unidos e no Brasil) por ano, que substitui aproximadamente 5% do consumo mundial de gasolina de 1,2 trilhão de litros por ano.

O que são as normas de portfólio de energias renováveis?

Uma norma de portfólio de energias renováveis (RPS — *renewable portfolio standard*) é uma política governamental que exige que uma porcentagem mínima da geração de energia vendida ou da capacidade instalada venha de fontes de energia renovável. As concessionárias públicas e privadas devem seguir o mandato de implementar tais metas.

As políticas de RPS, também chamadas de obrigações de energias renováveis ou políticas de quotas, existem no nível de estado ou província nos Estados Unidos, no Canadá e na Índia, e em nível nacional na Austrália, Coreia do Sul, no Chile, na China, Itália, no Japão, nas Filipinas, na Polônia, Romênia, Suécia e no Reino Unido.

Globalmente, 63 estados, províncias ou países em 2010 possuíam políticas de RPS. A maior parte das políticas de RPS exige que a energia renovável responda por algo entre 5% e 20% do total até 2010 ou 2012, embora políticas mais recentes tenham estendido as metas até 2015, 2020 ou 2025. A maioria das metas de RPS se traduz em grandes investimentos futuros esperados, embora os meios específicos (e a eficácia) para atingir as quotas possa variar bastante entre os países e os estados.

O que são as normas Cafe?

As normas de economia de combustível têm sido bastante eficazes na promoção do rendimento dos motores e redução do consumo de combustível. A eficácia geral das normas pode ser significativamente fortalecida se elas forem combinadas com incentivos fiscais e informações para os consumidores.

O melhor exemplo desse tipo de norma é a *corporate average fuel economy* (Cafe — média corporativa de economia de combustível), dos Estados Unidos, que entrou em vigor originalmente em 1975. Essas normas definem o consumo de combustível médio para toda a frota de veículos de passageiros e caminhões leves (com peso bruto do veículo de 3,866 kg ou menos) de cada montadora.

A norma Cafe adotada originalmente era de 25 milhas por galão (mpg), ou (10,6 km/L). Subsequentemente, a União Europeia adotou uma norma de 40 mpg (17 km/L). Se a economia de combustível média da frota de um determinado fabricante não alcança a norma, este deve pagar uma multa de US$ 5,50 por 0,1 milha por galão abaixo da norma, multiplicada pela produção total do fabricante para o mercado interno americano. Desde 1983, as montadoras pagaram mais de US$ 590 milhões em multas Cafe para o Tesouro dos EUA. A maioria dos fabricantes europeus paga regularmente multas Cafe que variam entre menos de US$ 1 milhão e mais de US$ 20 milhões por ano. As montadoras asiáticas e a maioria das grandes montadoras nacionais nunca foram multadas.

Em 2009, o governo dos EUA propôs um novo programa nacional de economia de combustível para os modelos de 2012 a 2016, que exigiria uma norma de economia de combustível média de 35,5 milhas por galão: 39 mpg para automóveis e 30 mpg para caminhões (15,1 km/L, 16,6 km/L e 12,8 km/L, respectivamente).

Em 2011, o governo dos Estados Unidos chegou a um acordo com as grandes montadoras para aumentar a economia de combustível para 54,4 mpg (23,1 km/L) para automóveis e caminhões leves até 2025.

O que são *feed-in tariffs*?

Feed-in tariffs, também chamadas de contratos de oferta padrão e tarifas renováveis avançadas, são uma política adotada em nível estadual ou nacional, mas não em nível internacional, que garantem acesso à rede aos produtores de energia renovável e definem um preço fixo pelo qual os produtores de energia podem vender energia renovável para a rede elétrica.

Algumas políticas determinam uma tarifa fixa, enquanto outras estabelecem adicionais fixos somados às tarifas de mercado ou tarifas baseadas nos custos. Até 2010, cerca de 87 países haviam adotado políticas de *feed-in tariffs*. Os Estados Unidos as adotaram em 1970, e a Alemanha seguiu seu exemplo em 1990. Diversos países europeus as adotaram na década seguinte. Após a virada do século, muitos países em desenvolvimento adotaram a mesma política, assim como estados e províncias de outros países, incluindo Austrália e Canadá.

Uma *feed-in tariff* que oferece um preço forte, previsível e estável para a eletricidade renovável foi bem-sucedida em alguns países ricos, como a Alemanha, e acelerou o investimento em energia renovável. Definir quotas para a energia renovável pode ser igualmente eficaz caso o processo de contratação ofereça aos vencedores das licitações garantias suficientes de que será possível financiar o processo a taxas de juros razoáveis.

O que é a Convenção sobre a Mudança do Clima?

A Convenção-Quadro das Nações Unidas sobre a Mudança do Clima (UNFCCC — United Nations Framework Convention on Climate Change), adotada no Rio de Janeiro durante a Cúpula da Terra em 1992, tem como objetivo final a estabilização das concentrações atmosféricas de gases do efeito estufa em níveis considerados seguros e viáveis durante um período compatível com a capacidade de recuperação e de adaptação natural do ecossistema.

Um dos princípios básicos da Convenção é a de "responsabilidades comuns, mas diferenciadas", de acordo com as quais os países desenvolvidos (países do Anexo I) se comprometem em adotar políticas nacionais e limitar as emissões antropogênicas de gases do efeito estufa. Além disso, eles devem auxiliar os países em desenvolvimento (países do Anexo II) particularmente vulneráveis aos efeitos adversos da mudança climática a arcar com os custos da adaptação a esses efeitos adversos.

A Convenção sobre a Mudança do Clima está em vigor desde 21 de março de 1994. Até o momento, mais de 190 países a ratificaram e se tornaram "Partes da Convenção".

O que é o Protocolo de Quioto?

Em 1997, a Conferência das Partes da Convenção-Quadro das Nações Unidas sobre a Mudança do Clima reuniu-se em Quioto, no Japão, e adotou o Protocolo de Quioto, pelo qual os países do Anexo I (os países industrializados) se comprometiam com metas quantitativas de redução das emissões individuais, a serem atingidas no período de 2008–2012. As metas variam ligeiramente para cada país, mas, no total, eles concordaram em reduzir as emissões dos principais gases do efeito estufa em, no mínimo, 5% em relação aos níveis de 1990. Os países em desenvolvimento (excluídos do Anexo I) foram isentados de cronogramas e metas obrigatórias. É por esse motivo que os Estados Unidos assinaram, mas não ratificaram o Protocolo de Quioto. Apesar disso, o Protocolo de Quioto entrou em vigor em 2005.

Para reduzir os custos da mitigação das emissões, o Protocolo de Quioto estabeleceu três mecanismos:

1. Implementação Conjunta (IC),
2. Comércio Internacional de Emissões (CIE), e
3. Mecanismo de Desenvolvimento Limpo (MDL).

Enquanto a IC e o CIE são mecanismos que envolvem apenas os países industrializados, o MDL inclui também os países em desenvolvimento.

De acordo com as regras adotadas pelo Protocolo de Quioto para o MDL, os países do Anexo I podem incluir reduções de emissões certificadas de projetos realizados nos países em desenvolvimento nos seus compromissos gerais de redução de emissões.

A redução das emissões certificada sob o MDL deve ser adicional a qualquer redução que teria ocorrido na ausência das atividades do projeto certificado. Por exemplo, eliminar o *flaring*, ou queima, de gás natural (metano) da exploração de petróleo nos países em desenvolvimento e convertê-lo em CO_2 se qualificaria, pois o metano contribui mais para a mudança climática do que o CO_2. O florestamento nos países em desenvolvimento também se qualificaria.

O encontro das partes da Convenção sobre a Mudança do Clima em Copenhague em 2009 foi um passo para trás na governança ambiental. Não se tomou uma decisão sobre estender o Protocolo de Quioto além de 2012, e os compromissos obrigatórios do Protocolo foram substituídos por promessas voluntárias que, na prática, equalizam as ações dos países que fazem parte do Anexo I aos países não envolvidos nesse documento. Contudo, os países industrializados anunciaram o estabelecimento de um novo fundo a ser administrado pela Conferência das Partes para adaptação e para ajudar os países em desenvolvimento a implementar medidas para reduzir suas emissões. O valor do fundo deve alcançar US$ 100 bilhões por ano em 2020.

Na Conferência das Partes de Cancún, em 2010, houve um novo esforço malsucedido de estender o Protocolo de Quioto além de 2012. Mas as partes ainda conseguiram avançar no sentido de operacionalizar o fundo proposto em Copenhague. A Conferência reconheceu que a prevenção do desmatamento é um instrumento válido para impedir a mudança climática e reduzir o desmatamento que contribui com aproximadamente 18% das emissões globais de CO_2. A Conferência decidiu ainda que os países em desenvolvimento com florestas tropicais que conseguissem reduzir o desmatamento (e as emissões de CO_2 resultantes) poderiam ser compensados internacionalmente pelas emissões evitadas. O mecanismo, semelhante ao MDL, recebeu o nome de Redd (Redução das Emissões por Desmatamento e Degradação florestal). A Noruega contribuiu US$ 100 milhões para projetos Redd no Brasil.

Em Durban, África do Sul, em 2011, um segundo período de compromisso do Protocolo de Quioto foi adotado enquanto um novo protocolo era negociado. Concordou-se que as negociações seriam concluídas até 2015 e entrariam em vigor em 2020, estabelecendo reduções obrigatórias para as emissões de todos os países.

O que é *cap and trade*?

O *cap and trade* é uma ferramenta de política pública usada para promover reduções na quantidade de poluentes emitidos pelos países. O sistema foi usado originalmente nos Estados Unidos para reduzir as emissões de SO_2, principal responsável pela chuva ácida. O mecanismo funciona da seguinte forma: o governo estabelece um teto (*cap*) obrigatório para a quantidade de emissões que será tolerada, e as indústrias responsáveis pelas emissões recebem quotas que não podem exceder. O modo como essas quotas serão cumpridas permite alguma flexibilidade, pois cada setor pode adotar mudanças no seu processo de produção ou negociar (*trade*) créditos com outras indústrias, já que cumprir com as reduções pode ser mais fácil para algumas do que para outras. O programa foi altamente bem-sucedido, promovendo inovações e eficiência.

A União Europeia como um todo, sob o Protocolo de Quioto, está comprometida com uma redução de 8% nas emissões de gases do efeito estufa em relação aos números de 1990 até 2012. A responsabilidade por cumprir esse compromisso é dividida entre os Estados-membros com base em alocações nacionais negociadas, subsequentemente transmitidas para os principais emissores. Assim, foi criado o RCLE-UE (Regime Comunitário de Licenças de Emissão da União Europeia) para negociar emissões ativamente. O preço por tonelada equivalente de CO_2 emitida seria definido pelo mercado, atingindo 30 euros em 2006. Contudo, o preço caiu para menos de 5 euros em 2007 devido à oferta excessiva de licenças de emissões.

O sistema de *cap and trade* tem a vantagem de determinar exatamente quantas toneladas de emissões equivalentes de CO_2 precisam ser reduzidas, mas o mercado determina o preço de cada tonelada.

O que são impostos de carbono?

Os impostos sobre o carbono são outra ferramenta política para reduzir as emissões de CO_2, cobrados dos combustíveis fósseis (carvão, petróleo e gás natural). Fontes de energia não baseadas em carbono, como energias renováveis e nuclear, não são tributadas, o que aumenta a sua vantagem competitiva. Os impostos de carbono são vantajosos em relação ao *cap and trade* por estabelecer um custo fixo para cada tonelada equivalente de CO_2, mas as reduções resultantes desses impostos não podem ser previstas de maneira confiável.

As receitas geradas pelos impostos de carbono também poderiam ser obtidas pelo leilão de licenças de carbono no sistema de *cap and trade*. O sistema seria difícil de difícil aplicação em nível global, mas o processo poderia começar com subconjuntos de países que administrassem os limites de emissões e comércio de licenças (como a Europa faz); com o tempo, os sistemas seriam interligados. Outra opção seria adotar sistemas paralelos de *cap and trade* em algumas jurisdições e impostos de carbono em outras.

As políticas de precificação dos gases do efeito estufa podem ser fundamentais para a transição energética na direção de tecnologias, combustíveis e atividades com baixas emissões de carbono. Não há consenso sobre qual o melhor método de precificação (impostos de carbono ou *cap and trade*), mas as duas abordagens podem ser formuladas de modo similar. Os participantes do sistema de *cap and trade* podem estimar o imposto de carbono com o uso de preços máximos e mínimos para o custo das licenças. Para evitar os graves impactos da mudança climática causada pelo homem, os países mais ricos devem definir o preço direto ou implícito (resultante de regulamentações) para as emissões de gases do efeito estufa em, no mínimo, US$ 100 por tonelada equivalente de CO_2, até 2020, e talvez muito acima de US$ 300, até 2050. Transferências dos países ricos podem também ser utilizadas para proteger os países em desenvolvimento do impacto total desses preços na economia e na equidade. As transferências podem se focar no desenvolvimento da infraestrutura necessária para a transição para um sistema energético de baixas emissões, incluindo redes elétricas, geradores com baixas emissões, transporte público urbano e assim por diante.

O que é *leapfrogging* tecnológico?

Devido ao crescimento acelerado do seu consumo de energia, os países em desenvolvimento são espaços importantes para inovação, especialmente em setores de materiais básicos com uso intensivo de energia (aço, produtos químicos, cimento etc.), para os quais a demanda praticamente já atingiu o ponto de saturação nos países industrializados. É por esse motivo que é tão importante que tecnologias modernas sejam incorporadas desde o início do processo de desenvolvimento, pulando etapas na sua sequência tradicional— o chamado *leapfrogging*.

Esse processo já está em andamento, como demonstra a incrível velocidade de adoção e difusão de tecnologias inovadoras e de ponta nos países em desenvolvimento. Um exemplo incrível é a velocidade à qual os telefones celulares foram introduzidos até em países que não contavam com sistemas telefônicos tradicionais, especialmente nas zonas rurais. Outro exemplo ocorre nos vilarejos indianos onde a iluminação utiliza lâmpadas fluorescentes, não as antigas e ineficientes lâmpadas incandescentes. Outras tecnologias menos espetaculares, como o biogás produzido em grandes unidades que aproveita os resíduos da comunidade, podem atender a diversos propósitos, como energia para iluminação, bombeamento de água, produção de fertilizantes e tratamento de esgoto. O televisor preto e branco está se tornando uma coisa do passado até nas áreas mais remotas da Amazônia. O mesmo ocorreu com os telefones celulares, que em muitos lugares ultrapassaram os telefones fixos convencionais.

Apesar de atraente, o *leapfrogging* não deve ser considerado uma estratégia universal, pois os produtos ou as tecnologias necessários podem não estar disponíveis nos países industrializados ou não ser adequados para as necessidades dos países em desenvolvimento. Em geral, também é necessário encontrar o equilíbrio entre os preços relativos da mão de obra e do capital nos países em desenvolvimento. Como a mão de obra é cara e o capital relativamente barato nos países industrializados, muitas tecnologias inovadoras produzidas neles economizam mão de obra e fazem uso intensivo de capital. Por outro lado, onde a mão de obra é barata e o capital escasso, as tecnologias adotadas podem ser diferentes. Ocasionalmente, os países em desenvolvimento precisam de inovações mais bem adaptadas às suas dotações de recursos naturais do que aquelas que poderiam obter dos países industrializados. Por exemplo, além da produção de biomassa fazer uso intensivo de mão de obra, sua disponibilidade é maior do que a de combustíveis fósseis em muitos países tropicais, incluindo Índia, Brasil e Indonésia. Assim, a biomassa é uma fonte importante de energia em muitos países em desenvolvimento, mas não necessariamente nos países industrializados.

O que é desenvolvimento sustentável?

O sistema energético mundial atual, altamente dependente de fontes de energia fósseis esgotáveis, não é sustentável. Em outras palavras, não pode durar para sempre.

O conceito de desenvolvimento sustentável foi proposto em 1987 no Relatório Brundtland, encomendado pela Organização das Nações Unidas, com os seguintes termos:

O desenvolvimento sustentável é o desenvolvimento que atende as necessidades do presente sem comprometer a capacidade de gerações futuras satisfazerem suas próprias necessidades. A ideia contém dois conceitos-chave:

- o conceito de "necessidades", em especial as necessidades essenciais das populações pobres do mundo todo, que devem receber prioridade máxima; e
- a ideia de que a tecnologia e a organização social podem limitar a capacidade do meio ambiente de atender às necessidades presentes e futuras.

Analisar o desenvolvimento sustentável em termos de energia pode ajudar a esclarecer a definição anterior, pois a natureza do sistema energético oferece uma resposta à questão difícil de quantas "gerações futuras" devemos considerar.

Como mostramos, os combustíveis fósseis podem se esgotar e, a taxas constantes de produção e consumo, as reservas atualmente conhecidas de petróleo devem durar em torno de 41 anos; o gás natural durará 64 anos; e o carvão durará 155 anos. Devido à dominância dos combustíveis fósseis nos suprimentos de energia mundiais e suas durações esperadas limitadas, eles não poderão ser considerados a principal fonte de energia mundial por mais de uma ou duas gerações. Isso estabelece uma métrica para a meta de "não comprometer a capacidade que gerações futuras terão de satisfazer suas próprias necessidades". Apenas fontes de energia renovável (e talvez a energia nuclear, se os outros problemas associados ao seu uso puderem ser resolvidos) poderão.

Dessa perspectiva, devemos considerar o "desenvolvimento sustentável" como sinônimo de "desenvolvimento que dura".

PARTE V
SOLUÇÕES NÃO TÉCNICAS

13
Energia e estilo de vida

Qual é a relação entre energia e estilos de vida?

Em termos bastante gerais, o estilo de vida é um padrão de comportamento cotidiano que combina valores, atitudes, interpretações, preferências, ações e interações em um determinado tempo e espaço. As escolhas de estilo de vida são configuradas por múltiplas forças: técnicas, econômicas, políticas, institucionais e culturais. De forma mais sucinta, podemos dizer que o estilo de vida é o modo como uma pessoa vive.

O estilo de vida é mais fácil de descrever do que de definir. Costuma ser descrito por tipo de dieta, necessidades e desejos individuais, visão de mundo, padrão de gastos, religião, localização geográfica, nível e padrão de consumo, lazer e trabalho e assim por diante.

Muitos supõem que padrões de consumo e *estilo de vida* são sinônimos. O termo "estilo de vida", quando usado por cientistas sociais, refere-se a valores, ou seja, a preferências sociais, e há uma diferença de nível entre os dois: muitas mudanças comportamentais (nos padrões de consumo) se somam ao longo do tempo para criar mudanças de valores. Podemos comparar aqui a evolução dos estilos de vida com a evolução da vida em si: as espécies evoluem ao se adaptarem a mudanças no seu ambiente, a ponto de se tornarem, em alguns casos, muito diferentes daquelas das quais se originaram. Nesse sentido, a introdução do automóvel poderia ser comparada às grandes explosões na evolução da vida, como aquela que ocorreu no Período Cambriano, 530 milhões de anos atrás.

No curto prazo, mudanças incrementais podem ser motivadas pelos consumidores no mercado. E o que as pessoas compram pode mudar, como resultado da informação e da educação, levando ao resultado desejado. No médio prazo, uma abordagem em favor do bem-estar humano em termos de desenvolvimento sustentável, em indicadores de Objetivos de Desenvolvimento do Milênio (ODMs), pode ter um efeito amortecedor moderado no consumo de energia.

A grande força por trás de uma mudança no estilo de vida pode ser o avanço tecnológico. A velocidade à qual a eletricidade, o transporte aéreo, o rádio e a televisão se tornaram ingredientes básicos e globais dos estilos de vida atualidade aponta nessa direção, apesar das diferenças sociais e culturais entre os países e dentro de cada país.

Contudo, são necessárias muitas alterações comportamentais para alterar o escopo do estilo de vida ou incorrer em novas mudanças. Por exemplo, dar carona para os vizinhos até o trabalho não é uma mudança no estilo de vida ou no valor dado aos automóveis, mas pode, um dia, levar a tais mudanças.

Quando analisamos especificamente o consumo de energia relativo a mudanças no estilo de vida, vê-se que entre 1975 e 2008, ocorreram mudanças importantes nos países da OCDE em relação aos usos finais de energia (ver Tabela 13.1).

A quantidade de energia usada pela indústria, que representava 32% do consumo em 1975, foi reduzida a 23% até 2008. Entretanto, esse declínio foi compensado, durante o mesmo período, pelo setor de transporte, em que o consumo de energia aumentou de

TABELA 13.1 Participação no consumo final de energia da OCDE (%)

	1975	2008
Indústria	32	23
Transporte	26	33
Residencial	20	19
Serviços	10	13
Outros	12	12

TABELA 13.2 Participação no consumo final de energia de países de fora da OCDE (%)

	1975	2008
Indústria	35	34
Transporte	13	18
Residencial	34	30
Serviços	6	5
Outros	13	14

26% par 33%. Essas transições no consumo de energia se refletem nos estilos de vida da parcela mais afluente da população mundial.

Nos países de fora da OCDE, o transporte tem um papel menor, mas a importância do setor residencial é maior (ver Tabela 13.2).

O desenvolvimento tecnológico é o único fator por trás das mudanças em estilos de vida?

Em alguns casos, a principal força por trás de mudanças no estilo de vida é o avanço tecnológico. Por um lado, essa perspectiva mecanicista ignora as diferenças culturais, religiosas e educacionais; por outro, parece ser uma explicação convincente para a homogeneidade dos padrões de consumo em diversas partes do mundo.

Há uma convergência entre padrões de consumo e sistemas econômicos, e a literatura especializada mostra que os padrões de consumo dos países desenvolvidos e em desenvolvimento estão se tornando cada vez mais semelhantes.

Por exemplo, isso se manifesta claramente no impacto do consumo de eletricidade, como vemos na Tabela 13.3.

A participação da eletricidade no consumo de energia cresceu significativamente, de 8,8% em 1973 para 17,2% em 2008.

A importância crescente da eletricidade na sociedade moderna se explica pelo fato de, uma vez produzida, ser possível transportá-la facilmente por longas distâncias e utilizá-la imediatamente nas mais diversas residências e escritórios. Nesse sentido, a eletricidade

TABELA 13.3   Participação no consumo final de energia no mundo (%)

	1973	2008
Petróleo	46,8	41,6
Gás	14,2	15,6
Carvão/turfa	14,6	9,8
Eletricidade	8,8	17,2
Combustíveis, renováveis e lixo	14,0	12,7
Outros	1,6	3,1
Total	100,0	100,0

é diferente de outras fontes de energia, como combustíveis sólidos (ex.: carvão) ou líquidos (ex.: petróleo). Além disso, ela pode ser convertida em trabalho mecânico com quase 100% de rendimento.

Uma desvantagem da eletricidade é ser, com frequência, produzida a partir de combustíveis fósseis, que são caros e altamente poluentes. É por esse motivo que a geração de eletricidade a partir de fontes de energia renovável (eólica, fotovoltaica e outras) recebe tanta atenção no momento.

Qual é o impacto dos modos de transporte nos estilos de vida?

A Tabela 13.4 mostra o consumo de energia típico para diferentes modos de transporte de passageiros em kWh por quilômetro, por passageiro-quilômetro.

Os automóveis consomem, no mínimo, três vezes mais energia por passageiro do que os ônibus e trens de curta distância.

Portanto, está claro que abordagens mais criativas em termos de planejamento urbano e de transporte público podem gerar grandes resultados. Por exemplo, nos Estados Unidos, o transporte público representa apenas 6% do transporte de passageiros, enquanto na Alemanha responde por 15% e no Japão, por 47%.

O transporte rodoviário de carga consome aproximadamente 10 vezes mais combustível do que o transporte ferroviário.

TABELA 13.4 Consumo de energia em diferentes modos de transporte

Modo de transporte	Velocidade média (km/h)	Consumo de energia (kWh/por km)
Trem (curta distância)	59–84	0,07–0,13
Trem (longa distância)	100	0,23–0,28
Trem (alta velocidade)	160	0,07
Automóvel	100	0,33–0,49
Ônibus	45	0,11–0,13
Aeronave	700	1,22–2,09

Quais são os principais determinantes das mudanças nos estilos de vida?

Os estilos de vida exercem uma forte influência sobre padrões de consumo, especialmente nos níveis de consumo de energia. Alguns dos principais determinantes das mudanças no estilo de vida são as preferências quanto à fertilidade, hábitos alimentares, religião e clima.

Durante toda a década de 1990, os padrões de tamanhos de família refletiram uma tendência de longo prazo de preferir famílias menores. A queda das taxas de fecundidade está em geral associada a condições socioeconômicas melhores e a altos níveis de escolaridade entre as mulheres, tendência concentrada nas zonas urbanas. Mas a tendência é particularmente forte em algumas regiões, como Bangladesh, onde avanços modestos no desenvolvimento socioeconômico se sobrepõem a quedas radicais nas taxas de fecundidade.

Outro determinante crítico da demanda dos consumidores são o gosto e a preferência, além de preço, renda, marketing, conhecimento do consumidor, situação e preferências alimentares. Há amplas evidências de que a religião influencia as atitudes e os comportamentos dos consumidores em geral, e as decisões sobre compras de alimentos e hábitos alimentares em especial. Em diversas sociedades, a religião é um dos fatores que mais determina escolhas alimentares. Seu impacto no consumo de alimentos depende da religião em si e de quanto os indivíduos seguem os ensinamentos da sua fé. Diversas religiões proíbem determinados alimentos, como a carne de porco e de animais que não foram abatidos de acordo com o ritual apropriado no judaísmo e no islã, ou carne de porco e de gado no hinduísmo e no budismo. O cristianismo não tem tabus alimentares.

O clima influencia o modo como as casas são construídas e até as rotinas de higiene pessoal; por exemplo, os banhos são extremamente importantes para o estilo de vida japonês, com uso intensivo de energia. Os noruegueses aquecem quase todo o espaço doméstico na maior parte do tempo, enquanto os japoneses tradicionalmente aquecem apenas os espaços que ocupam enquanto os ocupam.

Uma maneira de capturar a importância dos estilos de vida no consumo de energia é analisar o comportamento da intensidade energética de um país ou grupo de países. Estudos detalhados nos países da OCDE indicam que a queda na intensidade energética ao longo do tempo se deve a dois fatores diferentes:

1. A introdução de tecnologias com alta eficiência energética na indústria, no transporte, no setor residencial e de serviços, responsáveis por 80% da redução na intensidade energética; e
2. Mudanças estruturais nos padrões de consumo, basicamente mudanças em estilos de vida, que representam os 20% restantes.

Posfácio

Energia no Brasil

Com 214,1 milhões de habitantes em 2021, o Brasil consumiu 301,5 milhões de toneladas equivalentes de petróleo (tep): 1,408 tep *per capita*. O consumo mundial médio é de 1,85 *per capita*. O dos Estados Unidos é de 66 tep *per capita* e o da Índia, de 0,6. O consumo total de eletricidade foi de 650,067TWh* (terawatts hora), ou seja, de 3.064 kW (quilowatts) por habitante.

A Tabela P.I e a Figura P.1 mostram a contribuição das diferentes fontes à oferta interna de energia.

TABELA P.I   Oferta interna de energia (Mtep) no Brasil 2021

Fonte	Mtep	%
RENOVÁVEIS	134,9	44,7
Biomassa da cana	49,4	16,4
Energia hidráulica	33,2	11,0
Lenha e carvão vegetal	26,1	8,7
Eólica	6,2	2,0
Solar	2,4	0,8
Outras renováveis*	17,6	5,8
NÃO RENOVÁVEIS	166,6	55,3
Petróleo e derivados	103,6	34,4
Gás natural	40,2	13,3
Carvão mineral	17,0	5,6
Urânio (U3O8)	3,9	1,3
Outras não renováveis	1,8	0,6
TOTAL	301,5	100

*Lixivia, biogás, óleos vegetais, casca de arroz e outros.

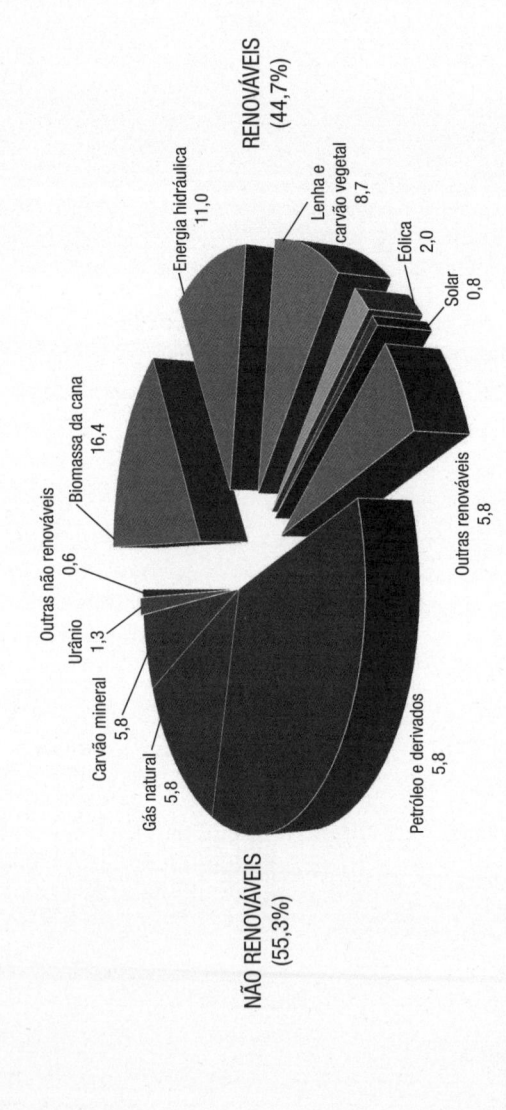

FIGURA P.1 Oferta interna de energia (Mtep) (%) no Brasil 2021.

NÃO RENOVÁVEIS (55,3%)
- Gás natural 5,8
- Carvão mineral 5,8
- Urânio 1,3
- Outras não renováveis 0,6
- Petróleo e derivados 5,8

RENOVÁVEIS (44,7%)
- Energia hidráulica 11,0
- Lenha e carvão vegetal 8,7
- Eólica 2,0
- Solar 0,8
- Outras renováveis 5,8
- Biomassa da cana 16,4

A Tabela PII e a Figura P2 mostram a contribuição das diferentes fontes à capacidade de eletricidade instalada em megawatts (MW).

TABELA P.II Capacidade instalada (MW)

FONTE	MW	%
RENOVÁVEIS	143.984	83,4
Hidrelétrica	103.003	59,8
Eólica	20.771	12,1
Biomassa	15.578	9,0
Solar fotovoltaica	4.632	2,7
NÃO RENOVÁVEIS	31.278	17,6
Gás natural	16.219	9,2
Carvão	3.203	1,8
Derivados de petróleo	7.667	4,3
Nuclear	1.990	1,1
Outras	2.199	1,2
TOTAL	176.262	100

NÃO RENOVÁVEIS (17,6%)
Derivados de petróleo 4,3
Carvão 1,8
Nuclear 1,1
Outras 1,2
Gás natural 9,2
Solar fotovoltaica 2,7
Biomassa 9,0
Eólica 12,1
Hidrelétrica 59,8
RENOVÁVEIS (83,4%)
CAPACIDADE INSTALADA 176.262 MW

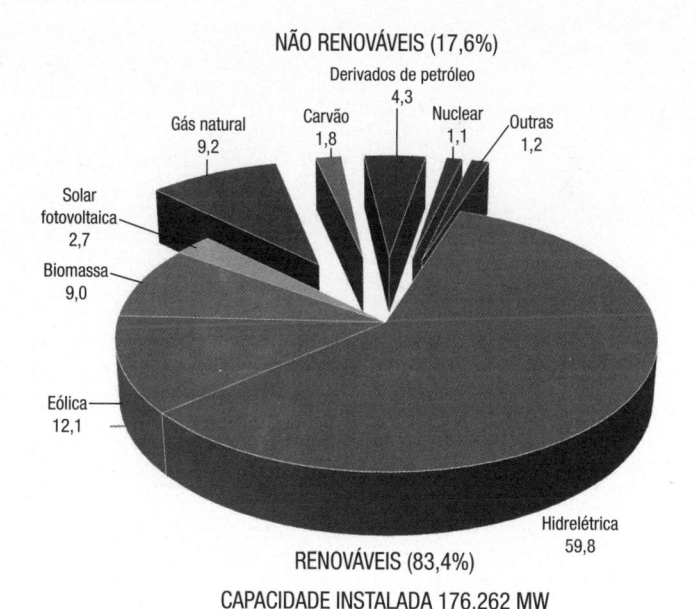

FIGURA P.2 Capacidade instalada (MW) (%) no Brasil 2021.

A Tabela P.III e a Figura P.3 mostram a contribuição de cada uma das fontes à oferta total de eletricidade em gigawatts hora (GWh).

TABELA P.III Oferta de eletricidade (GWh)

FONTE	GWh	%
RENOVÁVEIS	503.527	76,8
Hidrelétrica	362.818	55,3
Eólica	72.286	11,0
Biomassa	51.711	7,9
Solar fotovoltaica	16.752	2,6
NÃO RENOVÁVEIS	152.540	23,2
Gás natural	86.861	13,2
Carvão vapor	17.585	2,7
Derivados de petróleo	18.244	2,8
Nuclear	14.705	2,2
Outras	15.146	2,3
TOTAL	656.167	100

OFERTA TOTAL DE ELETRICIDADE 659.067 TWh

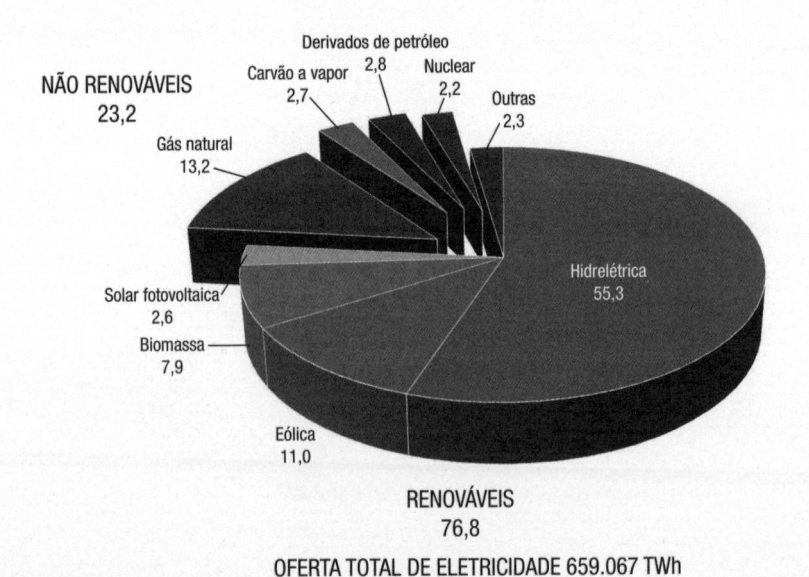

FIGURA P.3 Oferta de eletricidade (GW) (%) no Brasil 2021.

A Figura P.4 mostra a evolução da capacidade instalada das diversas fontes de 2012 a 2021.

Veja que a contribuição das usinas eólicas e solar aumentou, bem como a do gás natural.

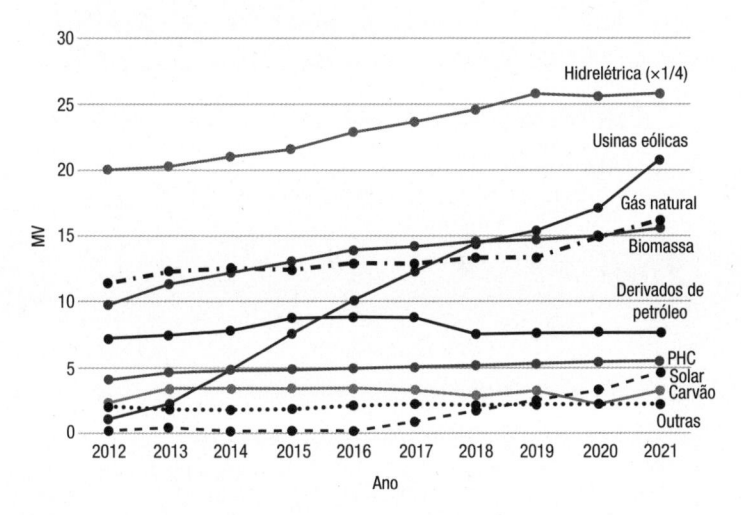

FIGURA P.4 Capacidade instalada por fonte (MW).

A Figura P.5 mostra a evolução da contribuição das diferentes fontes de eletricidade de 2012 a 2021.

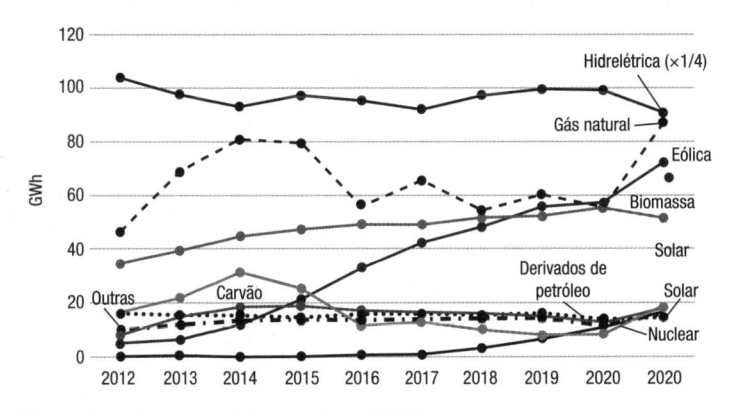

FIGURA P.5 Geração elétrica por fonte (GWh).

A contribuição da hidroeletricidade declinou e a da eólica e solar aumentam. A contribuição de gás natural aumentou em períodos de crise hídrica (2013-2016 e 2021).

Os principais setores consumidores de energia foram o transporte e setor industrial, que representam cerca de dois terços da energia consumida no Brasil (Tabela P.IV)

TABELA P.IV Energia consumida pelos diversos setores

Setor	%
Transporte	32,5
Indústrias	32,3
Residências	10,9
Setor energético	9,5
Agropecuária	5,0
Serviços	4,8
Usos não energéticos	5,1
Total	100,0

Em 2021 o total das emissões de CO2 decorrentes do uso de combustíveis fósseis na matriz energética atingiu 445,4 milhões de toneladas (Tabela P.V).

TABELA P.V Emissões de CO2 eq* Brasil 2021

Setor	Milhões de toneladas de CO_2
Transportes	197,8
Indústrias	77,8
Residências	18,8
Outros	151,0
Total	445,4

* emissões de CO_2 levam em conta as emissões de outros gases de efeito estufa além de CO_2

Apêndice 1

TABELA A.1 Prefixos decimais

deca (da)	10^1	deci (d)	10^{-1}
hecto (h)	10^2	centi (c)	10^{-2}
quilo (k)	10^3	mili (m)	10^{-3}
mega (M)	10^6	micro (µ)	10^{-6}
giga (G)	10^9	nano (n)	10^{-9}
tera (T)	10^{12}	pico (p)	10^{-12}
peta (P)	10^{15}	femto (f)	10^{-15}
exa (E)	10^{18}	atto (a)	10^{-18}

Apêndice 2

TABELA A.2 Fatores de conversão de unidades de energia comuns

Para:	Terajoule (TJ)	Gigacaloria (Gcal)	Megatonelada equivalente de petróleo (Mtep)	Milhão de unidades térmicas britânicas (Mbtu)	Gigawatt-hora (GWh)
De:	Multiplicar por:				
TJ	1	238,8	$2,388 \times 10^{-5}$	947,8	0,2778
Mtep	$4,1868 \times 10^{4}$	10^{7}	1	$3,968 \times 10^{7}$	11.630
Mbtu	$1,0551 \times 10^{-3}$	0,252	$2,52 \times 10^{-8}$	1	$2,931 \times 10^{-4}$
GWh	3,6	860	$8,6 \times 10^{-5}$	3.412	1

Fonte: Dados da AIE. Dados de conversão adicionais disponíveis em http://www.iea.org/stat.htm

Referências

Earl Cook, Man, Energy, Society, W. H. Freeman and CO, San Francisco, CA, 1976

GEA 2012 Global Energy Assessment: Towards a Sustainable Future, Cambridge University Press, Reino Unido e Nova York, EUA, e International Institute for Applied Systems Analysis (IIASA) Laxenburg, Áustria.

José Goldemberg, B. T. Johansson, A. K. N. Reddy, R. H. Williams, (Williams,) Energy for a Sustainable World, Wiley Eastern Limited, Nova Déli, 1988

José Goldemberg e Oswaldo Lucon, Energy, Environment and Development, 2nd ed., Earthscan Publications Ltd, London and Sterling, VA, 2010

InterAcademy Council, Lighting the Way: Toward a Sustainable Energy Future, October 2007

Burton Richter, Beyond Smoke and Mirrors, Cambridge University Press, Cambridge, Reino Unido, 2010

Phil O'Keefe, Geoff O'Brien e Nicola Pearsall, The Future of Energy Use, 2nd ed., Earthscan Publications Ltd, Londre e Sterling, VA, 2010

Vaclav Smil, Energy in Nature and Society, The MIT Press, Cambridge, MA, 2008

World Energy Assessment: Energy and the Challenge of Sustainability, 2000. UNDP (United Nations Development Programme), Nova York, http://www.undp.org/seed/eap

Capítulos 1 e 2

John Bongaarts, "Population Policy Options in the Developing World," Science 263, 771–776, 1994

BP Statistical Review of World Energy, June 2010, http://www.bp.com/statisticalreview

Arthur Brooks, Gross National Happiness, Basic Books, Nova York, 2008
King Hubbert, The Energy Resources of the Earth, Scientific American 60, 224, 1971
Jean M. Martin, L'intensité energetique de l'activité economique dans les pays industialsés. Economies et Societe's—Cahiers de l'Ismea 22 (4), abril, 1998
UNDP International Human Development Indicators, http://hdi.undp.org
World Energy Statistics and Balances, IEA, 2010, (banco de dados)

Capítulos 3-6

2010 Survey of Energy Resources, World Energy Council OECD/IEA, Paris, França
S. F. Baldwin, Biomass Stoves: Engineering Design, Development and Dissemination, Volunteers in Technical Assistance, Arlington, VA, 1987
BP Statistical Review of World Energy, June 2010, http://www.bp.com/statisticalreview
Dams and Development: a New Framework for Decision-Making: The Report of the World Commission on Dams, Earthscan Publications Ltd, Londres e Sterling, VA, November, 2000, http://www.dams.org
José Goldemberg, "Ethanol for a Sustainable Energy Future,"—Science 315, 808–810, Fevereiro, 2007
D. O. Hall and K. K. Rao, Photosynthesis, Cambridge University Press, Nova York, 1999
IAEA, The Future of Nuclear Power, MIT, Cambridge, MA, 2003 (atualizado em 2008)
REN21, Renewables Energy Policy Network for the 21st Century, Global Status Report, Paris), 2010 Paris: REN21 Secretariat

Capítulos 7-9

Analysis of the Scope of Energy Subsidies and Suggestions for the G-20 Initiative—IEA, OPEC, OECD, World Bank Joint Report Prepared for Submissions to the G-20 Summit Meeting, Toronto (Canadá), June 26–27, 2010
A. Cherp, "Energy and Security" in GEA 2012 Global Energy Assessment: Towards a Sustainable Future. Cambridge University Press, Reino Unido e Nova York, EUA e International Institute for Applied Systems Analysis (IIASA) Laxenburg, Áustria

European Commission, External Costs: Research Results on Socio-Environmental Damages due to Electricity and Transport, Luxemburgo, 2003, http://ec.europa.eu/research/energy/pdf/externeen.pdf

IPCC, http://www.ipcc.de

Martin Junginger, Wilfried van Sark, André Faiij e Edward Elgar, Technological Learning in the Energy Sector, Edward Elgar Publishing Inc, Cheltenham, Glos, Reino Unido, 2010

M. Wackernagel e W. Rees, Our Eecological Footprint: Reducing Human Impact on the Earth, New Society Publishers, Gabriola Island, BC, 1996

The World Commission in Environment and Development, Our Common Future, Oxford University Press, Nova York, 1987

Capítulos 10-12

Dams and Development: A New Framework for Decision-Making: The Report of the World Commission on Dams, Earthscan Publications Ltd, Londres e Sterling, VA, Novembro, 2000, http://www.dams.org

José Goldemberg, The Brazilian Experience with Biofuels, Innovations 4, 4, pp. 91–107, 2009. http://mitpress.mit.edu/innovations/

José Goldemberg, Leapfrogging Technology" Encyclopedia of Global Environmental Change, (Vol. 4) 295–296, 2001

The Kyoto Protocol to the Climate Convention http://www.unfcc.de

Lorna A. Greeming, David L Greene e Carmem Difiglio, Energy Efficiency and Consumption— The Rebound Effect—A Survey, Energy Policy 28, 389–401, 2000

REN21, Renewables Energy Policy Network for the 21st Century, Global Status Report, Paris), 2010

F. Trieb e H. Müller-Steinhagen, Europe—Middle East—North Africa, Cooperation for Sustainable Electricity and Water, Sustainable Science, 2, 205–219, 2007

United Nations Framework Convention in Climate Change, The Convention on Climate Change, http://www.unfcc.de

World Business Council for Sustainable Development (WBCSD), Energy Efficiency in Buildings Transforming the Market, 2009, http://www.wbcsd.org/DocRoot/WvNIJhLQBmCIKuj0eN0h/91719_EEBReport_WEB.pdf

World Energy Outlook 2010 2010 International Energy Agency OECD/ IEA Paris, França

Z. Zhaang, L. Lohr, Escalantec, M. Wetzstein, M. Food versus Fuel: What Do Prices Tell Us? Energy Policy 38, 445–451, 2010

Capítulo 13

L. Nader and S. Beckerman, Energy as It Relates to the Quality and Style of Life, Annual Review of Energy 3, 1, 1978

Posfácio

Empresa de Pesquisa Energética. Anuário Estatístico de Energia Elétrica 2022. EPE, Brasília, 2022, https://www.epe.gov.br/pt/publicacoes-dados-abertos/publicacoes/anuario-estatistico-de-energia-eletrica

Empresa de Pesquisa Energética. Balanço Energético Nacional 2022. BEN Relatório Síntese: Ano base de 2021. EPE, Brasília, 2022, https://www.epe.gov.br/pt/publicacoes-dados-abertos/publicacoes/balanco-energetico-nacional-2022

Our World in Data. Global Change Data Lab, c2023, https://ourworldindata.org/

Índice

açúcar
　bagaço, 119, 122
　fermentação do, 48, 130
　terra para, 96, 133
aerossol, 86
Agência de Energia Nuclear, 62
Agência Internacional de Energia
　Atômica, 62
água, 2, 6
albedo, 86
alfabetização, 22
Anexo I, país do. *Ver* países
　industrializados
Anexo II, país do. *Ver* países em
　desenvolvimento
aprisionamento tecnológico, 102, 114
aquecimento global, 86–87, 89–90,
　95
armazenamento de energia de ar
　comprimido (CAES — *compressed air
　energy storage*), 127
Arrhenius, Svante, 84
atrito, 1, 5

Banco Mundial, 23, 134
bateria, 124–25
　íon de lítio, 126–27
Bell Laboratories, 50
benzo[*a*]pireno, 81
bifenilo policlorado (PCB), 84
biocombustíveis, 123, 125, 130,
　132–135

biodiesel, 32, 130–36
biomassa. *Ver também* madeira
　alternativas a, 101
　CCS e, 122
　como energia renovável, 29, 30 *f*, 31
　　t; 32
　como fonte de energia, 31 *t*, 32, 39
　cozinhar com, 46–47, 74, 80, 111
　densidade de energia da, 57 *t*, 61 *t*
　desmatamento e, 132–34
　impacto ambiental de, 90
　mandato de, 135–36
　modernização da, 47–48, 129–30
　na história, 13, 14 *f*, 129–30
　produção de, 46, 129–30
　tipos de, 30 *f*, 31 *t* –32, 58
　transporte e, 124, 130
Brundtland, Relatório, 144
bruto, petróleo, 41, 43, 92, 121
BTU. *Ver* unidade térmica britânica
bulbo, turbina, 49
BWR. *Ver* reator de água fervente
cádmio, 52

Caes. *Ver* armazenamento de energia
　de ar comprimido
Cafe, normas. *Ver corporate average fuel
　economy*
calor, 2, 4–5, 8, 12, 13, 19, 35, 36 *f*, 39,
　89. *Ver também* combinado, sistema de
　geração de calor e energia

aquecimento distrital, 119
  biomassa, 46
  da madeira, 1, 47, 78-81
  energia solar, 52, 53
  nuclear, 60, 61
  poluição, 78, 84, 87 *t*
  potencial, 58
  recuperação, 108, 110
caloria, 6
campo de concentração, 11
cap and trade, 99, 141-142
captura e armazenamento de carbono (CCS — *carbon capture and storage*), 121-22
carbono, imposto de, 97, 141-42
Carnot, Sadi, 35
carvão
  como combustível fóssil, 38
  como combustível, 31 *t*
  como energia não renovável, 31-32
  como fonte de energia, 30 *f*
  como fonte primária, 29, 31 *t*
  composição do, 39
  densidade de energia do, 56-57, 57 *t*, 61 *t*
  gaseificação do, 120-21
  origem do, 29
  rendimento do, 109
  reserva de, 38-39, 144
cavalo-vapor, 6, 6 *t*
CCS. *Ver* captura e armazenamento de carbono
célula de combustível, 120, 124-26
celular, telefone, 143
  CFC, 77
CFC. *Ver* clorofluorcarboneto
CH4. *Ver* metano
Chernobyl, desastre de, 62, 65
CHP. *Ver* combinado, sistema de geração de calor e energia
chumbo, 51, 52, 79, 91

chuva ácida, 77, 79, 82-83, 141
cidade
  construção de, 18
  poluição em, 77, 81
  urbanização e, 113
CIE. *Ver* Comércio Internacional de Emissões
cinética, teoria, 4
Cinturão do Sol, 128
clorofluorcarboneto (CFC), 77, 86-87
CO. *Ver* monóxido de carbono
código de obras, 112-14
combinado, sistema de geração de calor e energia (CHP — *combined heat and power*), 119
  combustíveis fósseis e, 120-21
  como biomassa, 32, 130
  eficiência por meio de, 113, 115
combustão, 2, 13, 15, 35, 47, 79, 82, 83, 122, 125, 126, 131, 132,
combustível fóssil, 15, 31-32. *Ver também* carvão; gás; petróleo
  CHP e, 120
  densidade de energia do, 55
  dependência de, 130
  distribuição de, 45, 45 *t*
  eficiência e, 108
  eletricidade e, 150
  pegada ecológica e, 95
  queima, 33
  recurso, 38, 45 *t*, 70
  reserva, 38, 44-45, 45 *t*, 144
  sustentabilidade e, 144
comercial, energia, 18, 23
Comércio Internacional de Emissões (CIE), 139
Comissão Europeia, 99
Conferência das Partes da Convenção-Quadro das Nações Unidas sobre a Mudança do Clima, 88, 139-40
conhecimento, 22

conservação, da energia
   barreiras à, 107–108, 117
   lei da, 8
consumo, 11, 12 *t*
   crescimento do, 13, 14 *f*, 16
   da eletricidade, 149–50, 150 *t*
   energia final, 149–50, 150 *t*
   estilo de vida e, 147–49
   IDH e, 23, 24 *f*
   nos países da OCDE, 16, 148, 148 *t*
   nos países em desenvolvimento, 19, 149
   nos países industrializados, 13, 19, 113
   para transporte, 115, 117, 150–51, 151 *t*
   PIB e, 18–19, 20 *f*
   população e, 16–17, 17 *t*
Convenção-Quadro das Nações Unidas sobre a Mudança do Clima (UNFCCC), 88, 138
corporate average fuel economy (Cafe — Média Corporativa de Economia de Combustível), normas, 137
corrente contínua em alta tensão (HVDC — *high voltage direct current*), 128
Coulomb, Charles-Augustin de, 3
craqueamento, 40
Cúpula da Terra, 138
curva de aprendizado, 63, 100–1

decaimento radioativo, 63
decimal, prefixo, 153 *t*
dependência de importações, 72–73
desertificação, 93
desmatamento
   albedo e, 86
   biocombustíveis e, 133–34
   causas do, 93–95
   como problema global, 83–84
   dióxido de carbono e, 87
   Redd e, 140
   subsídios e, 101
destilação, 13, 40, 130

diesel
   biodiesel, 32, 130–32, 135–36
   mandato de, 135–36
   derramamento, 92
   combustível, 2, 13
   diesel, motor, 13, 35
Diesel, Rudolf, 131
direta, energia, 110
distrital, aquecimento, 119

edifícios
   construção de, 109–10, 112–13
   eficiência de, 109–12
   em países em desenvolvimento, 110, 112–13
   em países industrializados, 112
   energia incorporada de, 109
   retrofit, 112
   síndrome do edifício doente, 80
educação, 75, 148, 149, 151
eletricidade, 2–3
   combustíveis fósseis e, 150
   como biomassa, 32
   consumo de, 149–50, 150 *t*
   custo, 98 *t*
   produção de, 33
   redes elétricas inteligentes para, 129
   tecnologia e, 18
   transmissão de, 128
   transporte e, 124–25
eletromagnetismo
   como força, 2–3
   eletromagnéticas, ondas, 3
em suspensão, 81
embargo, 43
emissão. *Ver* poluição
energia. *Ver também tópicos específicos*
   acesso, 74–75
   armazenamento de, 127
   como ingrediente de produção, 107–8
   custo da, 97, 98 *t*, 99–101, 106–8
   fontes históricas de, 13, 14 *f*

fontes primárias de, 29, 30 f, 31–32, 31 t
fontes secundárias de, 32
formas de, 2, 8
matriz, 31–32, 37 f
origem da, 14–15, 15 f
segurança, 72–74
transformação de, 32–33, 34 f
unidades de, 5–6, 6 t
usos finais da, 32, 32 t
enxofre, óxido de (SO2/SOx), 79
chuva ácida e, 82–83, 141
transporte e, 123
eólica, energia, 31 t, 50, 55 t
como energia renovável, 30 f, 31 t, 32, 46
densidade de energia da, 57–58, 57 t
do Sol, 15, 29
impacto ambiental de, 91
EOR. *Ver* recuperação melhorada de petróleo
ER. *Ver* energia renovável
escambo, 19
estilo de vida, 147
consumo e, 23, 147–49
determinante de, 151–52
intensidade energética e, 152
tecnologia e, 148, 149–50
transporte e, 150–51
estrôncio, 60, 63
estufa, efeito, 85 f, 86
como poluição global, 77, 83–84
emissões de gases do efeito estufa, 121, 130, 132, 138 - 142
gases do efeito estufa, 83–84, 86–87, 87 t
etanol
alimentos e, 133
como energia renovável, 31–32, 95
hidrogênio e, 126
mandato de, 135–36
no gasool, 131
produção de, 48

substituição da gasolina, 130–31
transporte e, 95–96, 130
evolução, 147–48
externalidade, 97, 98–100
ExternE, 99
Ex-União Soviética, 69

falha de mercado, 99, 101
famílias, tamanho das, 151
fecundidade, taxa de (TF), 17
feed-in tariff, 137–38
felicidade interna bruta (FIB), 25
ferramenta, 7, 19, 74, 141
fertilidade, 151–52
FFV. *Ver* flex, veículo
FIB. *Ver* felicidade interna bruta
Fischer-Tropsch, processo de, 130
flex, veículo (FFV — *flex-fuel vehicle*), 131
florestamento, 140
Fludd, Robert, 7
fome, 74
força, 1, 5
fotovoltaica (FV), energia solar, 50–52
Franklin, Benjamin, 3
Fukushima, acidente de, 65
fundamental, força, 5
FV, energia. *Ver* fotovoltaica, energia solar

gás
biogás, 143
como combustível fóssil, 38
como energia não renovável, 31–32
como fonte de energia, 30 f, 31 t
como fonte primária, 32
composição do, 43
comprimido, 123
densidade de energia do, 57, 57 t
emissões de, do efeito estufa, 130, 132, 141
estufa, 83, 84, 86–87
hidrato, 43–44
hidrogênio e, 124

não convencional, 43
origem do, 29
rendimento do, 109
reserva, 44, 144
teoria cinética do, 4
transporte e, 123-24
xisto, 43, 44
gás liquefeito de petróleo (GLP), 47, 74
    transporte e, 123, 124
gás natural comprimido (GNC), 124
gaseificação integrada ao ciclo combinado (IGCC — integrated gasifier combined cycle), 120
gaseificação, 120, 130
gasolina
    combustão, 2, 13, 116, 124-25
    como derivado do petróleo, 13, 40
    complemento para, 96
    no gasool, 131, 135-36
    poluentes da, 78
    substituto para, 48, 130-31
gasool, 131
    mandato de, 135-36
geladeira, 18, 106-107, 111, 112
geotérmica, energia, 54
    como energia renovável, 29, 30 f, 31-32, 46, 55 t, 58
    como fonte de energia, 31 t
Global Subsidies Initiative (GSI), 102
GLP. *Ver* gás liquefeito de petróleo
GNC. *Ver* gás natural comprimido
Gold, Thomas, 41
grama, 1-2
gravidade, 1-2, 5, 7
gravitação universal, lei da, 3
gregos, 3, 33

halon, 86
Hertz, Heinrich, 3
HEV. *Ver* veículo híbrido elétrico
hidrocarboneto

    no petróleo, 39-40, 41
    produção de, 130
hidroeletricidade/energia hidrelétrica.
    Ver também oceânica, energia
    como energia renovável, 29, 30 f, 32
    como fonte de energia, 31 t
    como fonte primária, 32
    impacto ambiental de, 91
    na história, 12-13, 48-49
    origem da, 14, 29
    potencial da, 49
    represas grandes e pequenas, 48-49
    reversível, 127-28
    substituição de, 120
hidrogênio, 2
    células de combustível e, 26
    no processo de Fischer-Tropsch, 130
    transporte e, 124
Hoover, represa, 49
HVDC. *Ver* corrente contínua em alta tensão

IDH. *Ver* Índice de desenvolvimento humano
IGCC. *Ver* gaseificação integrada ao ciclo combinado
iluminação, 3, 83
Implementação Conjunta (IC), 139
imposto
    carbono, 97, 99-100, 141-42
    pigouviano, 99
incorporada, energia, 109-10
índice de desenvolvimento humano (IDH), 22-23, 24 f, 25
indústria nuclear e, 64
infecção respiratória aguda (IRA), 80-81
intensidade energética, 19, 20 f
    declínio na, 107
    estilo de vida e, 152
    história da, 21 f

na produção de amônio, 114
nos países da OCDE, 22, 114, 152
nos países em desenvolvimento, 22
nos países industrializados, 21–22
íon de lítio, baterias de, 126
IPCC. *Ver* Painel Intergovernamental sobre Mudanças Climáticas
IRA. *Ver* infecção respiratória aguda
ISO. *Ver* Organização Internacional de Padronização

joule, 1–2, 5–6, 6 *t*
Joule, James Prescott, 4

Las Vegas, 49
lei da termodinâmica. *Ver* termodinâmica
linha branca, produtos de, 118
longevidade, 22, 23
Lua, 3, 29, 46, 54, 86

madeira
  aquecimento com, 2, 52–53, 78–81
  colheita, 93–95
  como energia não comercial, 18
  cozinhar com, 46–47, 74, 80–81, 94
  densidade de energia da, 56, 61 *t*
  na história, 12–13
  no carvão, 39
  poluição da, 47, 79–81
  produção de, 14–15
magnetismo. *Ver* eletromagnetismo
mandato, 115, 135–36
manutenção, 52, 57, 112, 117
maré. *Ver* oceânica, energia
Marte, 86
material particulado (MP), 78, 79
MDG. *Ver* Objetivos de Desenvolvimento do Milênio
Mecanismo de Desenvolvimento Limpo (MDL), 139–40
meio ambiente. *Ver* poluição

metal pesado, 52, 79, 84
metano (CH_4)
  como gás de efeito estufa, 83, 86–87
  gás, 43, 139
  hidroeletricidade e, 91
  produção de, 48
metanol
  biodiesel, 131 – 132
  gasolina e, 130
  hidrogênio e, 126
  processo de Fischer-Tropsch e, 132
  produção de, 47
metro, 1
mineral, carvão. *Ver* carvão
molécula, 4, 5, 41, 43, 86
monóxido de carbono (CO), 78–81, 130–31
moto perpétuo, 7, 8 *f*
MPS. *Ver* suspensão, material particulado em
mudança climática
  passada, 88
  previsão de, 89
mulheres, 17, 23, 81, 151–52

não comercial, energia, 18
não convencional, recurso. *Ver* recurso
não renovável, energia. *Ver* renovável, energia
nêutron, 4, 60
Newcomen, Thomas, 33, 34 *f*
newton, 1, 5
Newton, Isaac, 1, 3
nitrogênio, óxido de (NOx), 79
  biodiesel e, 132
  chuva ácida e, 83
  emissões, 78 – 79
  transporte e, 124
nitroso, óxido, 64, 86–87
norma de portfólio de energias renováveis (RPS — *renewable portfolio standard*), 136
NOx. *Ver* nitrogênio, óxido de

nuclear, energia, 60–61, 144
   acidente com reatores, 65
   aquecimento global e, 64
   BWR, 61
   como energia não renovável, 31
   como fonte de energia, 2, 29, 30 f, 31, 31 t, 39
   como tecnologia de dupla utilização, 63
   crescimento da, 14 f, 16, 62–63
   na história, 13, 14 f
   nos países da OCDE, 65
   produção por, 62
   PWR, 61
   renascença da, 62, 64–65
nuclear, força, 4
nuclear, lixo, 60, 63–64, 66
nuclear, reação, 2, 65–66

O3. *Ver* ozônio
Objetivo de Desenvolvimento do Milênio (ODM), 148
OCDE. *Ver* Organização para a Cooperação e Desenvolvimento Econômico
oceânica, energia
   como energia renovável, 29, 30 f, 31–32, 55 t
   como fonte de energia, 31 t
   maré, 31 t, 54
   ondas, 14–15, 53
onda. *Ver* oceânica, energia
operacional, energia, 109
Organização dos Países Exportadores de Petróleo (OPEP), 41, 69, 108
Organização Internacional de Padronização (ISO) (ISO), 115
Organização Meteorológica Mundial (OMM), 88
Organização Mundial da Saúde (OMS), 80–81

Organização para a Cooperação e Desenvolvimento Econômico (OCDE)
   Agência de Energia Nuclear da, 62
   consumo na, 16, 114, 148–49, 148 t –149 t, 152
   eficiência na, 110
   energia nuclear na, 65
   intensidade energética na, 22, 114, 152
   subsídios na, 102
   transporte na, 115, 123
Otto, máquina de, 130
   adaptação de, 116, 131
   na história, 13, 35
ozônio (O3), 79
ozônio, camada de, 77

padrão de vida, 22–23
Painel Intergovernamental sobre Mudanças Climáticas (IPCC — Intergovernmental Panel on Climate Change), 88–89
países em desenvolvimento
   consumo em, 19, 149
   cozinhar em, 47, 80–81
   edifícios em, 110, 112–13
   intensidade energética em, 22
   leapfrogging tecnológico em, 142–43
   poluição em, 81
   UNFCCC e, 138–40
países industrializados
   consumo em, 13, 19, 22, 107, 142, 143
   economia de, 38
   edifícios em, 110, 112
   emissão de carbono, 87
   intensidade energética em, 21, 21f
   madeira, 80
   segurança energética, 72

transporte, 117
UNFCCC e, 138–40
palma, óleo de, 132
paridade do poder de compra (PPC), 22
Parte da Convenção. *Ver* Conferência das Partes da Convenção-Quadro das Nações Unidas sobre a Mudança do Clima; Convenção-Quadro das Nações Unidas sobre a Mudança do Clima
PCB. *Ver* bifenilo policlorado
pegada ecológica, 95–96
penetração de mercado, 100–1
petróleo, 6 t, 7, 11
   abiótico, 41
   bruto, 41, 43
   como combustível fóssil, 38
   como energia comercial, 18
   como energia não renovável, 30 f, 31–32
   como fonte de energia, 31 t
   como fonte primária, 31, 31 t
   composição de, 40
   craqueamento, 40
   crise, 22
   densidade de energia do, 61 t
   derramamento, 70, 78, 92–93, 93 t
   destilação, 40
   embargo, 43
   EOR, 71, 121
   gasolina de, 13, 40
   na história, 13, 14 f, 72 f
   não convencional, 40, 71, 72, 72 f
   origem do, 29
   pico do, 69, 70–72
   planalto ondulante, 71, 72 f
   preço do, 41, 42 f, 43
   recuperável, 70–72
   recurso, 73
   reserva, 40, 144
   segurança, 73
   transporte de, 69, 92, 93 t
pH, 82, 90
PHEV. *Ver plug-in*, veículo híbrido
PIB. *Ver* produto interno bruto
Pigou, Arthur, 99
pigouviano, imposto, 99
Planté, Gaston, 126
plug-in, veículo híbrido (PHEV — *plug-in hybrid electric vehicle*), 125
Pnuma. *Ver* Programa das Nações Unidas para o Meio Ambiente
pobreza, 74, 77, 101
poligeração, usina de, 119
poluição
   atmosférica urbana, 78–79
   cap and trade, 99, 141
   CCS e, 121–22
   células de combustível e, 126
   CHP e, 120
   chuva ácida, 82–83
   classificação da, 78
   da gasolina, 78, 92
   da madeira, 47, 79, 80–81
   do ar em ambientes internos, 78–81
   eletricidade e, 150
   gás de efeito estufa, 130, 132–35, 138, 141
   global, 77, 83–84
   impurezas e, 39
   local, 76–78
   na FIB, 25
   nos países em desenvolvimento, 81
   poluição da água, 82
   Redd e, 140
   regional, 77, 82
   transporte e, 79, 87 t, 123–25
   urbana, 76–79, 82
   veículos híbridos e, 125
população, 16–17, 17 t, 108, 112, 113, 118, 129, 149
potência, 6. *Ver também* combinado, sistema, de geração de calor e energia; combustível fóssil; nuclear, energia; renovável, energia
   densidade, 55–58, 57 t, 61 t

potencial, para eficiência, 105–6
PPC. *Ver* paridade do poder de compra
PR. *Ver* progresso, taxa de
prefixo, decimal, 153 *t*
primeira lei da termodinâmica, 8
produto interno bruto (PIB), 21–22, 25
   consumo e, 13, 18–19, 20 *f*, 107
   custos de energia e, 74
   subsídios e, 102
Programa das Nações Unidas para o Meio Ambiente (Pnuma), 88
progresso, taxa de (PR — progress ratio), 101
projeto de demonstração, 52
propano. *Ver* gás liquefeito de petróleo
próton, 4, 60, 126
PWR. *Ver* reator de água pressurizada

Quioto, Protocolo de, 139–41
quotas, política de. *Ver* norma de portfólio de energias renováveis

rádio, 4, 18
reator de água fervente (BWR — *boiling water reactor*), 61
reator de água pressurizada (PWR — *pressured water reactor*), 61
rebote, efeito, 117–18
recuperação melhorada de petróleo (EOR — *enhanced oil recovery*), 71, 121
recurso
   combustível fóssil, 38, 45 *t*, 70
   gás, 43
   guerra, 73
   não convencional, 38
   petróleo, 40, 69–72, 72 *f*
   petróleo, 73
   urânio, 64
rede elétrica
   acesso à, 52, 59, 65, 119, 138
   inteligente, 129
rede elétrica inteligente, 129

Redução das Emissões por Desmatamento e Degradação florestal (Redd), 140
Regime Comunitário de Licenças de Emissão da União Europeia ((RCLE-UE), 141
religião, 147, 151–52
renda, 18–19, 22
rendimento, 35
   crescente, 111–12
   do motor a vapor, 34 *f*, 35–36
   do transporte, 115–16, 123
   efeitos de saturação e, 107
   em edifícios, 109
   energética e econômica, 107–8
   na produção de energia, 108–9
   nos países da OCDE, 110
   oferta e uso final, 106
   oportunidade para, 107
   por CHP, 113, 115
   potencial para, 105–6
   vantagens da, 106
renovável, energia (ER). *Ver também* geotérmica, energia; hidroeletricidade; oceânica, energia; fotovoltaica, energia solar; solar, energia; eólica, energia
   acesso a, 138
   como fonte primária, 32
   crescimento da, 13, 14 *f*, 58–59
   etanol como, 31–32, 95
   fontes de, 29, 30 *f*, 31–32, 48
   impacto ambiental de, 90, 100
   imprevisibilidade de, 59
   meta política para, 135
   norma de portfólio de energias renováveis, 136
   potencial da, 55, 55 *t*, 58–59
represa. *Ver* hidroeletricidade
reserva
   carvão, 39, 144
   combustível fóssil, 38–39, 44–45, 45 *t*, 144

gás, 44, 144
petróleo, 40, 144
urânio, 64
reversível, energia hidrelétrica, 127–28
Revolução Industrial, 33, 76
RPS. *Ver* norma de portfólio de energias renováveis

Sankey, diagrama de, 35–36, 36 *f*, 37 *f*
Sankey, Matthew Henry Phineas Riall, 37
saturação, efeito de, 107
saúde, 47, 75, 97, 106, 123
Segunda Guerra Mundial, 11
segunda lei da termodinâmica, 35
silício, 52
síndrome do edifício doente, 80
síntese, gás de, 120–21
Sol, 2–3, 4
   como fonte de energia, 14, 29, 31, 31 *t*
   fusão nuclear no, 66
solar, energia
   Cinturão do Sol, 128
   como energia renovável, 29, 31–32
   como fonte de energia, 30 *f*, 31 *t*
   densidade de energia da, 55–56, 57 *t*
   fotovoltaica, 50–52
   impacto ambiental de, 91
   passiva, 111
   redes elétricas inteligentes e, 129
   térmica, 52–53
   termoeletricidade, 53
solução técnica, 105
SOx. *Ver* enxofre, óxido de
subsídio, 47, 101–2, 134
sulfúrico, ácido, 79, 126, 132
sumidouro de carbono, 96
suspensão, material particulado em (MPS), 81
sustentável, desenvolvimento, 144, 148, 157

técnica, solução, 105
tecnologia
   avanço da, 11, 13, 14 *f*
   curva de aprendizado na, 100–1
   de dupla utilização, 63
   eletricidade e, 18
   estilo de vida e, 148–49
   gás de xisto e, 44
   horizontal e especializada, 114
   leapfrogging em, 142–43
   revolução na, 120
   TIC, 75
tecnológico, homem, 13
telefone celular, 143
televisão (TV), 4, 18, 107, 143, 148
temperatura. *Ver* calor
teórico, potencial, 49, 55, 55 *t*, 105
termodinâmica
   primeira lei da, 8
   segunda lei da, 35
termonuclear, energia. *Ver* nuclear, energia
TF. *Ver* fecundidade, taxa de
Thomson, J. J., 4
Three Mile Island, 62
TIC. *Ver* tecnologia da informação e comunicação
tonelada equivalente de petróleo, 6 *t*, 7
trabalho, 1–2, 5–6
transporte coletivo urbano, 113, 142
transporte, 32, 32 *t*
   combustível para, 73, 123, 130
   consumo para, 107, 109, 150–51, 151 *t*
   do petróleo, 69, 92, 93 *t*
   eficiência do, 115–17, 137
   elétrico, 124
   estilo de vida e, 150–51
   etanol e, 95–96, 130
   flex, 131
   híbrido, 125
   na história, 12–13, 18

nos países da OCDE, 123
poluição e, 79, 87 *t*, 123–25
urbano, 113–14, 142, 151
TV. *Ver* televisão

UE, Comissão da. *Ver* Comissão
Europeia
UNFCCC. *Ver* Convenção-Quadro das
Nações Unidas sobre a Mudança do
Clima
unidade térmica britânica (BTU), 6 *t*
unidade, 6 *t*, 156 *t*
urânio
  ciclo de combustível do, 63
  como energia não renovável, 31
  como fonte de energia, 2, 4, 13, 31,
  32
  densidade de energia do, 61 *t*
  fissão do, 60–61
  útil, 61
urbana, área. *Ver* cidade

vácuo, 5
vapor, motor a, 13, 33, 34 *f*, 35–36
veículo elétrico a bateria (VEB), 125
veículo híbrido elétrico (HEV —
  hybrid electric vehicle), 125
veículo. *Ver* transporte
velocidade, 5
Vênus, 86

watt, 6, 6 *t*
Watt, James, 33, 34 *f*

xenônio, 60, 63
xisto, gás de, 44

Yom Kippur, Guerra do, 41